Neobișnuit

Cum să-ți Antrenezi Mintea să Gândească Diferit și să Învingi Gândurile Negative

Dan Desmarques

22 Lions

Neobișnuit: Cum să-ți Antrenezi Mintea să Gândească Diferit și să Învingi Gândurile Negative

Scris de Dan Desmarques

Index

Introducere

Într-o lume în care agresivitatea şi puterea eclipsează adesea iubirea şi compasiunea, „Neobişnuit: Cum să-ţi Antrenezi Mintea să Gândească Diferit şi să Învingi Gândurile Negative" oferă o călătorie transformatoare în înţelegerea complexităţii comportamentului uman şi a dinamicii sociale. Acesta explorează rădăcinile psihopatiei, presiunile societăţii şi dualităţile care ne modelează percepţiile şi interacţiunile. Îi provoacă pe cititori să se elibereze de gândirea convenţională şi îi încurajează să parcurgă o cale de autodescoperire şi evoluţie.

Printr-o explorare cuprinzătoare a neurologiei individuale şi a influenţelor societale, cartea dezvăluie modul în care frica, ruşinea şi aşteptările sociale pot conduce la un comportament antisocial ascuns şi la o mentalitate de prădător. Cartea subliniază importanţa educaţiei, a conştientizării de sine şi a curajului de a gândi diferit ca chei pentru depăşirea acestor tipare distructive. Cititorii vor dobândi o perspectivă cuprinzătoare asupra dezvoltării evolutive a minţii umane, a influenţei experienţelor culturale şi personale şi a puterii introspecţiei. Prin înţelegerea motivelor şi temerilor care stau la baza acţiunilor umane, cartea îi împuterniceşte pe cititori să transcendă normele sociale şi să adopte un mod de gândire mai evoluat.

Mai mult decât un ghid de dezvoltare personală, „Neobişnuit" este o chemare la acţiune pentru schimbare socială, îndemnând cititorii să contribuie la o lume în care cooperarea şi empatia prevalează asupra diviziunii şi competiţiei. Fie că este vorba de a înţelege complexitatea psihologiei umane sau de a-şi transforma propria viaţă, această carte oferă instrumentele şi perspectivele necesare pentru a prospera într-o lume complexă.

Capitolul 1: Evoluția comportamentului antisocial ascuns

Probabil că v-ați petrecut cea mai mare parte a vieții întrebându-vă de ce atât de mulți oameni sunt răi și chiar invidioși pe alții și de ce li se întâmplă acest lucru celor care nu au făcut nimic rău și își petrec cea mai mare parte a timpului concentrați pe propria existență și pe supraviețuirea familiei lor. Mare parte din răul din lume este atribuit unor cauze misterioase, adesea izolate în cadrul religiei, iar psihopatia nu primește atenția pe care o merită atunci când este analizată dintr-o perspectivă mai largă sau când numeroasele sale implicații sunt observate în viața noastră de zi cu zi. Cu toate acestea, totul poate fi simplificat de-a lungul unei anumite căi evolutive care dezvăluie motivele, ambițiile, temerile și motivele noastre ascunse. Pentru aceasta, avem nevoie de o mai bună înțelegere a neurologiei individuale și a modului în care aceasta se aplică multiplelor fațete ale răului în lumea de astăzi.

Într-o lume a tendințelor autodistructive și a viziunilor anormale asupra realității, în care agresivitatea și puterea sunt mai apreciate şi venerate decât iubirea şi compasiunea, singura cale de ieşire este purtarea unei măşti sociale. Astfel, oamenii trebuie să pretindă că sunt ceea ce nu sunt pentru a fi respectaţi şi a se integra în societate. Această stare de spirit duce în mod evident la anxietate socială. Prin urmare, atunci când oamenii sunt deprimaţi, încearcă din răsputeri să ascundă acest lucru zâmbind mai mult decât de obicei şi făcând lucruri neobişnuite. Acest lucru se întâmplă deoarece le este teamă să nu fie discriminaţi. Cu toate acestea, pentru că vor să facă parte dintr-o societate care le provoacă anxietate, mulţi dezvoltă ceea ce se numeşte comportament antisocial ascuns, minţind mai mult, înşelându-i pe alţii şi, în general, făcând tot ce pot pentru a supravieţui şi a câştiga într-o competiţie acerbă pentru a obţine mai mult.

Această mentalitate de prădător provine din însăşi starea de victimă, care înseamnă o compensare pentru teama de a fi prinşi în ceea ce ei consideră a fi o lume duală, o realitate bidimensională. În esenţă, depresia şi furia reduc percepţia asupra vieţii, afectând modul în care oamenii se văd şi se comportă, precum şi modul în care relaţionează cu ceilalţi.

Bineînţeles, atunci când aceşti indivizi psihotici acţionează în acest fel faţă de alte persoane, nu le ia mult timp să sufere consecinţele trădărilor şi minciunilor lor. Ca urmare, şi pentru că sunt incapabile să reflecteze asupra propriului comportament, ele se vor afunda şi mai adânc în această mentalitate reptiliană de a căuta puterea asupra altor oameni pentru a-i oprima şi a supravieţui. Supravieţuirea este percepută de această persoană ca un mecanism prin care ea diminuează potenţialul celorlalţi pentru a deveni mai capabilă să profite de ei şi să-i mintă. Cei de care profită pot începe apoi să perceapă realitatea într-un mod dual, acesta fiind motivul pentru care există atât de multe persoane care mențin societatea la pământ și nu îi permit să evolueze.

Dacă o persoană rămâne într-o stare mentală de frică suficient de mult timp, va apărea furia și mai multă depresie, ceea ce va duce la gânduri suicidare. Tot ceea ce individul percepe în afara sa este o reflectare a lumii sale interioare, chiar dacă nu există nicio corelație între ceea ce se întâmplă și ceea ce el percepe că s-ar putea întâmpla. Starea psihotică este legată de o lipsă de discriminare și de autocontrol asupra gândurilor, ceea ce înseamnă că persoana este mai tulburată de probleme simple, obișnuite, dar este, de asemenea, mai probabil să raționalizeze ceea ce se întâmplă ca un atac negativ asupra existenței sale.

Această descriere sintetizează ceea ce se întâmplă pe întreaga planetă și, pentru mulți, este atât de comun încât poate fi considerat chiar normal. Unii au etichetat aceste caracteristici ca făcând parte dintr-un creier reptilian, spre deosebire de un creier de mamifer. Deși acest tip de comparație poate face lucrurile mai ușor de înțeles, este înșelătoare. Mintea umană trebuie înțeleasă în cadrul unei traiectorii evolutive care nu se manifestă în funcție de ceea ce vedem acum, ci în funcție de întregul potențial al unui individ. Acest lucru înseamnă că mulți oameni încă trăiesc cu modelele de gândire ale unui om al cavernelor sau ale cuiva din secolele trecute. Există multe motive pentru aceasta: viețile trecute, lipsa de educație, aspectele culturale, traumele din copilărie sau o combinație a acestor elemente pot fi legate.

Deşi unele experienţe ne afectează mai mult decât altele, modul în care ne afectează depinde şi de felul în care reacţionăm, iar răspunsurile noastre sunt corelate cu tot ceea ce am experimentat înainte. Cu toate acestea, prin educaţie şi formare, o persoană se poate îmbunătăţi, îşi poate reveni din starea mentală anterioară şi poate evolua către un mod de gândire superior. Acest lucru necesită o anumită cantitate de cooperare din partea individului, iar aici se află problema, deoarece este puţin probabil ca cei care văd lumea ca pe o ameninţare să accepte ajutorul sau să vadă ajutorul ca fiind benefic.

Capitolul 2 – Expunerea minciunilor care divizează societatea

Cu cât o persoană este mai sănătoasă, cu atât este mai dispusă să fie ajutată, dar este, de asemenea, mai puțin probabil să aibă nevoie de intervenție externă, deoarece se ajută deja singură și o face în siguranță. În acest proces, veți vedea că oamenii tind să se alinieze de-a lungul unei anumite căi: în partea de jos, veți vedea o persoană obsedată de supraviețuirea sa fizică. Aceasta înseamnă să vezi lumea în două dimensiuni, cu doar două opțiuni, două diviziuni: eu și ei, vânător sau vânat, atacator sau apărător, agresor sau victimă. Cu toate acestea, este foarte interesant de observat că oamenii care propun o analiză a lumii bazată pe dualități, în timp ce se prezintă ca fiind de ajutor pentru ceilalți, fac de fapt contrariul, ducând societatea mai adânc în această falsă dogmă a „eu versus ei".

Dacă vrem să înțelegem adevărul, trebuie să ne uităm la cei care propun modele care integrează societatea în evoluția constantă a planetei. Printre aceste teorii, găsim următoarele: Oamenii din vârful evoluției noastre nu sunt obsedați de a primi, ci de a dărui. Ei înțeleg că lumea poate progresa doar prin cooperare și printr-o combinație sinergică de eforturi, așa cum putem observa în natură. De fapt, puteți privi natura dintr-un punct de vedere binar, prădător și pradă, sau dintr-o perspectivă mai largă și să realizați că întregul sistem funcționează pentru a se susține.

Desigur, animalele nu știu ce fac, la fel cum mulți oameni nu știu de ce fac lucrurile așa cum le fac, dar există un echilibru care menține natura așa cum este, iar acest echilibru este perturbat atunci când un element este eliminat. La fel se întâmplă și cu societatea umană. Dacă nu există cooperare, vor exista războaie, lăcomie și distrugere, iar rezultatul tuturor acestora este moartea și imposibilitatea progresului. De fapt, cei mai proști oameni de pe această planetă sunt cei care spun că banii nu sunt importanți și că toți oamenii sunt buni dacă sunt tratați cu respect. Este clar că ei nu știu pe ce planetă trăiesc sau cum funcționează viața. Avem nevoie de bogăție și realism pentru a raționaliza posibilitatea unui viitor, nu de scuze pentru un prezent autodistructiv.

Dacă putem înțelege de ce societatea în ansamblu nu este organizată pentru evoluție, ci în conformitate cu mentalitatea perversă a celor care o văd de la baza scării noastre evolutive - crezând că evoluția este o chestiune de noroc, un accident care suflă în vânt și sfârșește prin a fi prins de câțiva - atunci vom putea să ne privim propria existență foarte diferit, pentru că ne vom da seama că majoritatea a ceea ce ni se spune este o minciună, o iluzie concepută pentru a ne menține aliniați la mentalitatea psihotică comună a multora.

Imaginați-vă că trăiți într-o epocă foarte primitivă și toată lumea vă spune că trebuie să învățați să aruncați sulițe pentru a împiedica triburile inamice să vă invadeze pământul și că singura modalitate de a supraviețui este să vânați animale sălbatice. Îți vei petrece întreaga viață gândindu-te că aceasta este realitatea ta. Nu vei încerca niciodată altceva. Apoi, când vezi pe cineva care trăiește altfel, cum ar fi un fost membru al tribului care s-a rupt de această nebunie, a construit o barcă și a început să trăiască din pescuit și agricultură, vei spune că este nebun. Cu toate acestea, veți vedea că această altă persoană este mai dezvoltată decât voi doar atunci când vă veți da seama că ea nu este atât de dezvoltată. Pentru a vedea acest nebun ca fiind evoluat, trebuie să realizezi că nu este.

Asta se întâmplă în societatea actuală. Oamenii cred că cei mai evoluați oameni sunt nebuni. Ei sunt numiți lacomi, cinici, pierduți sau pur și simplu aroganți. Dacă te uiți la cuvintele alese pentru a descrie oamenii respinși pentru evoluția lor, vei vedea că toate au legătură cu lucruri pe care mulți oameni nu le pot face: sunt practici, creativi, aventuroși, curajoși, caută noi posibilități și nu se tem să gândească diferit.

Diferențele dintre oameni sunt ușor de observat în modul în care aceștia își structurează percepțiile. De exemplu, dacă citiți mult și vă alăturați unui grup de oameni care nu citesc, aceștia ar putea crede că citiți prea mult sau că conversațiile dumneavoastră sunt plictisitoare. Dar dacă nu citești deloc și te alături unui club de cititori, ei vor crede că ești foarte prost. Ce se întâmplă dacă citești mai mult decât persoana din fața ta, dar ei cred că ești prost? Bineînțeles că te va discredita, te va judeca negativ, te va invalida și va devaloriza tot ceea ce spui, căutând motive pentru a-și raţionaliza gândurile şi a-şi păstra intactă identitatea şi imaginea de sine, de preferinţă de superioritate faţă de tine. Va spune că minţiţi şi că sunteţi nebun. Aceasta este starea de spirit a multor oameni din această lume.

Capitolul 3 – Proiecția și percepția într-o lume psihopată

Nu este nimic greșit în a vedea lucrurile așa cum sunt, ci în a le percepe așa cum credem noi că sunt, pentru că acest lucru înseamnă să forțăm percepțiile noastre despre realitate asupra lumii reale, în loc să o analizăm așa cum este. Această incapacitate de a vedea realitatea așa cum este ea este foarte evidentă în modul în care oamenii se jignesc reciproc, deoarece marea majoritate a populației își proiectează propriile probleme, nesiguranțe și limitări asupra celorlalți, nereușind să realizeze că lucrurile pe care le observă sunt o reflectare a lor înșiși și nu a realității în sine.

De exemplu, un bărbat în vârstă de 40 de ani care încă locuiește cu mama sa și nu poate obține un loc de muncă m-a numit copilăros și a spus că nu văd realitatea într-un mod matur; un bărbat gras care abia se poate mișca a spus că nu aș putea lovi cu pumnul o pungă de hârtie; un bărbat care încearcă să eludeze taxele mințind cu privire la sursele de venit m-a numit infractor. Un om fără diplomă universitară a spus că nu știu să fac cercetare; un om cu o prietenă foarte urâtă a spus că probabil sunt virgin pentru că sunt singur; un autor care și-a petrecut toată viața scriind cărți care nu s-au vândut a spus că nu sunt un autor adevărat ca el pentru că a publicat la cea mai prestigioasă editură franceză. Un bărbat foarte ignorant, care eșuează întotdeauna cu ideile sale de afaceri, a spus că este imposibil să fac bani online și că mint în legătură cu slujba mea. O femeie foarte grasă și-a bătut joc de culoarea pielii mele și a spus că nu arăt european. Un spaniol care arată ca un arab a spus, pe un ton umilitor, că arăt ca un arab. O femeie psihopată care se luptă cu boli mintale mi-a spus că arăt nebună. O femeie care nu a reușit să-și publice primul roman și a renunțat la visele ei a spus că nu arăt ca o scriitoare adevărată. Un narcisist, diagnosticat deja cu boli mintale, m-a făcut nebună pentru că i-am cerut să își ceară scuze pentru comportamentul său din trecut.

Toate acestea sunt exemple reale ale numeroaselor persoane pe care le-am întâlnit și care m-au insultat, precum și tipurile de lucruri pe care le-au spus. Nu trebuie decât să te uiți la ei cu aceleași cuvinte pe care le folosesc pentru a-ți da seama că vorbesc despre ei înșiși. Mai mult, insultele sunt atât de în contradicție cu realitatea mea, încât ar trebui să-mi pun la îndoială sănătatea mintală pentru a le crede. Acesta este și motivul pentru care este greu să fiu supărat pe acești oameni, deoarece ceea ce spun ei are mai mult de-a face cu ei înșiși decât cu persoana din fața lor. Este ca și cum și-ar oglindi propriile probleme cât mai aproape posibil într-o nevoie de salvare. Ei insultă cu fraze care îi descriu pe ei mult mai mult decât pe oricine altcineva și, în multe cazuri, nu au nimic de-a face cu persoana pe care încearcă să o insulte.

Acestea sunt, de asemenea, exemple de niveluri extreme de psihopatie, deși sunt foarte comune în societatea noastră. Acești oameni pot doar să pretindă că sunt normali într-o lume care știe puține despre bolile mintale. De fapt, ei sunt mai predispuși să insulte oamenii sănătoși la cap, deoarece pot vedea clar în spatele măștii lor. Cei mai nebuni oameni din lume îi vor viza întotdeauna pe cei mai sănătoși, de teama de a fi expuși și rușinați. Frica și rușinea sunt emoțiile care domină și terorizează cel mai mult mintea psihopatului, iar tu îi poți face cu ușurință să se simtă slabi prin expunerea acestor două caracteristici. Faceți acest lucru observându-le slăbiciunile și menționându-le în mod repetat, deoarece acuzațiile sunt doar fum pentru a distrage atenția de la adevărata problemă: ei înșiși.

Un alt nume pentru această tactică este distorsionarea realității, tocmai pentru că este menită să te facă să te îndoiești de propria ta sănătate mintală prin inversarea rolurilor. Ei vor să crezi că tu ești ei, pentru ca ei să poată fi tu. Pare o nebunie, pentru că așa și este, iar oamenii foarte nebuni gândesc în acest fel, și ei sunt majoritatea. Dar celălalt motiv pentru care bolnavii mintali schimbă rolurile într-o interacțiune este că nu pot empatiza cu cealaltă persoană. Schimbă rolurile în timpul unei conversații și te învinovățesc pentru lucrurile pe care le fac pentru că nu-ți pot înțelege punctul de vedere, iar motivul este legat de propria lor teamă și rușine. Ei sunt prinși în propriile lor tipare mentale și obsedați de supraviețuire.

Frica și rușinea îi fac pe oameni introvertiți, concentrați pe propria lor nevoie de a supraviețui cu orice preț, indiferent de nevoile celorlalți. Totuși, acest lucru nu înseamnă că persoana este timidă. Un introvertit este o persoană care și-a interiorizat propria viziune asupra lumii și nu este capabilă să o schimbe atunci când interacționează cu realitatea. Prin urmare, această persoană devine narcisistă, nu pentru că se crede mai bună decât alții, ci pentru că știe că este mai rea decât toți ceilalți. Acest narcisism este masca creată pentru a-i distrage, umili și subestima pe ceilalți. Ei fac aceste lucruri pentru că nu se pot vedea pe ei înșiși în spatele măștii și nu pot tolera să fie văzuți pentru ceea ce sunt cu adevărat.

Capitolul 4 – Cum țintesc narcisiștii persoanele excepționale

Lăudarea sau insultarea unei persoane este la fel de ușoară, deoarece ambele posibilități sunt de obicei vizibile. Lucrurile pe care oamenii vor cel mai mult să le ascundă sunt slăbiciunile lor, în timp ce lucrurile pe care le expun și despre care vorbesc cel mai mult sunt cele mai bune calități ale lor. Cu toate acestea, nesiguranța îi determină pe oameni să îi subestimeze pe ceilalți ca un mecanism de autoapărare. Este ca și cum ar sacrifica bunăstarea celeilalte persoane pentru a o proteja pe a lor, la fel cum ar face o persoană foarte lacomă și egoistă, motiv pentru care aceleași caracteristici sunt adesea prezente la aceleași persoane. Persoanele lacome, egoiste și nesigure au trăsături comportamentale similare, deși, de cele mai multe ori, una dintre aceste trăsături este mai probabil să apară decât celelalte, din cauza circumstanțelor sociale. Adesea, soțul își dă seama de acest lucru mai târziu, când este izolat de persoana respectivă.

Un narcisist face eforturi mari pentru a-şi ascunde defectele, depunând chiar eforturi iraţionale în acest sens, inclusiv minţind foarte mult, deoarece trăieşte în teama constantă de a fi văzut, o teamă declanşată de propria ruşine. Aici avem ciclul narcisistului, care începe cu ruşinea, trece la furie şi se încheie cu umilirea şi chiar intimidarea celorlalţi. În mod curios, ceea ce declanşează ruşinea la narcisişti este iubirea, tocmai pentru că ei nu o pot simţi, ceea ce îi expune mai mult. Atunci când un narcisist se simte iubit sau respectat, ruşinea a ceea ce sunt ei este dezvăluită. Acesta este motivul pentru care se comportă ca nişte killjoys. Fericirea altor oameni îi face să se simtă teribil de inconfortabil. De fapt, mi-a luat ani de zile să înţeleg de ce atât de mulţi oameni mă urau doar pentru că zâmbeam. Zâmbetul declanşează nesiguranţa în oamenii foarte egocentrici şi nesiguri.

Un alt mod indirect de a irita un narcisist este invidia, deoarece au o mentalitate competitivă şi presupun că tot ceea ce au ceilalţi este legat de ceea ce ei nu au. Succesul altora îi stânjeneşte. Prin urmare, ei minimalizează realizările altora sau, mai rău, le distrug reputaţia prin calomnie. Acest lucru mi s-a întâmplat când am devenit popular printre elevii mei. Unul dintre profesori cumva nu putea dormi noaptea şi plănuia mereu modalităţi de a mă concedia. A fi mai bun este pur şi simplu inacceptabil într-un grup în care există cel puţin un individ foarte negativ. De aceea, în societăţile comuniste şi socialiste, unde ideea că a avea mai mult este ceva rău şi periculos, oamenii sunt extrem de ostili succesului câtorva, iar a ieşi în evidenţă este văzut ca un comportament antisocial.

Contrastul dintre societăţile americane şi cele europene, sau chiar asiatice, este foarte evident în această privinţă, deoarece în timp ce valorile americane promovează ieșirea în evidență și chiar autopromovarea, valorile europene sunt contrare tuturor acestor lucruri. De fapt, cele mai bogate familii europene sunt în general necunoscute, chiar dacă gestionează un număr mare de mărci comerciale cu un impact semnificativ asupra societății. Ținta celor mai răi oameni dintre noi este destul de evidentă: individul care iese în evidență ca fiind cel mai calificat. Acesta este motivul pentru care atât de mulți antreprenori celebri susțin că au fost intimidați în copilărie.

Pentru un narcisist, cel mai rău lucru este să fie confruntat de cineva politicos, respectuos, bun, inteligent și onest în fața tuturor, deoarece acest lucru expune clar natura teribilă a narcisistului. Aceasta îl înnebunește pe narcisist și îl obsedează să distrugă acea persoană. Adesea credem că aceste comportamente sunt normale în societate pentru că le întâlnim atât de des, dar nu este nimic normal în ele, tocmai pentru că sunt concepute pentru a distorsiona realitatea în favoarea narcisistului. Avem aici colegul de serviciu care calomniază reputația cuiva care pur și simplu își face bine treaba și este admirat și respectat de mulți; avem, de asemenea, prietena sau prietenul care îți distruge reputația printre prietenii și rudele tale pentru că te iubesc și te respectă; vedem aceste lucruri chiar și în domenii în care calitatea personală ar trebui să fie mai importantă decât rivalitatea, cum ar fi muzica, pictura și alte forme de artă, unde artistul este atacat pur și simplu pentru că este faimos. Apoi, întâlnim ura față de cei care sunt bogați, în timp ce detractorii nu au nicio idee cât de mult au muncit aceste persoane pentru a ajunge la acest stil de viață. În general, cei care urăsc sunt printre cei mai leneși membri ai societății.

Rasismul şi xenofobia sunt, de asemenea, trăsături ale ruşinii şi nesiguranţei, motiv pentru care le vedem adesea în naţiunile care s-au construit prin jefuirea altor naţiuni. Veţi vedea ura faţă de alte culturi şi popoare mai des la cei care sunt ruşinaţi de propriul trecut. Vedem mult rasism şi xenofobie în rândul britanicilor, de exemplu, pentru că ei au fost cei care au oprimat, jefuit şi distrus cel mai mult alte naţiuni. Ura pe care o simt faţă de indieni şi sud-africani din cauza culorii pielii lor poate fi comparată cu ruşinea enormă pe care o simt pentru că au furat trilioane de dolari din aceste naţiuni, unde cetăţenii sunt obligaţi să emigreze pe teritoriul britanic în căutarea unei vieţi mai bune.

Capitolul 5 – Rădăcinile rasismului și xenofobiei

I migranții aduc rușine rasiștilor locali, care trebuie să acopere acest lucru cu șovinism. Vedem ceva similar la americani, care își folosesc patriotismul pentru a-și justifica ura față de imigranți, chiar dacă națiunea lor este formată în esență din descendenți ai imigranților care au furat pământul de la băștinașii care locuiau acolo înainte de sosirea colonizatorilor. Rușinea americanilor provine tocmai din această lipsă de identitate, deoarece nu au unde să se ducă și nici un loc pe care să îl numească acasă. Un comportament similar poate fi observat în rândul israelienilor, din aceleași motive, pentru că ei trebuie să își justifice rușinea prin rasismul împotriva altora care sunt mult mai israelieni decât cei care le fură pământul.

La o scară mai largă, vedem că multe dintre problemele lumii pur și simplu ne distrag atenția de la cauza principală a existenței lor. Multe conflicte, de la cele politice la cele personale, apar din lipsa capacității de a vedea viața prin ochii altora, de a gândi ca ei și de a-i înțelege. Aceasta nu este doar o trăsătură comună, ci o deficiență mentală. Situația se agravează atunci când viziunea noastră asupra vieții este filtrată printr-o singură lentilă.

O persoană evoluată este cea care înțelege de ce unii oameni vor să știe și să înțeleagă mai mult, promovând astfel un sentiment de empatie față de luptele altora, în timp ce o persoană mai puțin evoluată va fi atât de teribil de nesigură încât va dori să se segmenteze într-un grup care se opune unui alt grup. Acest comportament este întâlnit în sport, în mândria națională, în grupurile rasiste și în alte forme de mândrie iluzorie, fără sens, pentru care mulți își pierd întreaga viață. Cei care se consideră separați de ceilalți au un sentiment de competitivitate pe care încearcă să și-l cultive prin tot felul de activități aparent pozitive, inclusiv cititul cărților. Îi vedem tot timpul, deoarece se consideră superiori celorlalți datorită cărților pe care le aleg.

Unii dintre acești oameni sunt atât de obsedați de ei înșiși încât încearcă să îmi vândă cărți scrise de alți autori pe care îi urmăresc, în loc să mă întrebe ce fel de cărți scriu sau să facă efortul de a le citi și de a compara informațiile. Cu toate acestea, această preselecție a cărților, oamenilor și informațiilor în general este exact ceea ce îi face ignoranți. Ceea ce încearcă să evite cel mai mult atunci când spun că alții sunt ignoranți este ceea ce sfârșesc prin a încorpora în comportamentul lor.

Asociat cu aceste caracteristici este actul de a pune întrebări. Elevii mei mai inteligenți puneau întrebări și învățau, în timp ce cei mai proști presupuneau și judecau. După mai bine de 10 ani, diferențele dintre cele două grupuri nu puteau fi mai evidente: echipa perdantă a eșuat teribil, cu ore lungi de lucru, slujbe pe care le urau şi salarii mici, în timp ce echipa câştigătoare îşi iubeşte munca şi viaţa. Ironia este că nu am văzut niciodată o corelaţie între notele de la facultate şi rezultatele obţinute ulterior de studenţi. Aceste rezultate au fost întotdeauna corelate cu atitudinile lor. Ei regretă atunci când este prea târziu pentru a face o schimbare semnificativă, iar costul deciziilor din trecut este prea mare pentru a permite un spaţiu sau un timp semnificativ pentru acea schimbare, care a fost odată distanţa unei întrebări care nu a fost niciodată pusă sau o oră de distragere a atenţiei în care studentul ar fi putut auzi răspunsul pe care i l-am oferit cuiva şi a ales să nu-l audă.

Oamenii trec adesea prin viaţă cu mâinile la urechi şi ochii în jos, ignorând complet oportunităţile care le ies în cale. Ar putea fi chiar un profesor care răspunde la o întrebare pe care colegul care stă în spatele său trebuie să şi-o pună. Ei au ales să ignore acea oportunitate, iar această alegere i-a costat destinul. Totul în viaţă este rezultatul alegerilor pe care le facem cu privire la ce să ascultăm şi, mai important, pe cine să urmăm. Proştii tind adesea să se identifice cu alţi proşti. Este nevoie de o minte specială pentru a recunoaşte valoarea informaţiei. Una dintre calităţile acestor minţi este umilinţa.

Nu am văzut niciodată pe nimeni ca fiind superior sau inferior mie, iar aceasta este poate una dintre cele mai izbitoare caracteristici ale personalităţii mele, care m-a adus de la fundul sacului până acolo unde sunt acum. Întotdeauna analizez lucrurile dintr-o perspectivă superioară, ceea ce înseamnă să pun întrebări şi să încerc să înţeleg punctul de vedere al altor persoane. Desigur, am fost păcălit de multe ori, pentru că oamenii mint, iar eu am fost suficient de naiv să iau în considerare punctul lor de vedere. Dar chiar și cei care mint ne dau lecții valoroase despre iubirea de sine și respectul de sine. Fără ele, nu am suferi, iar fără suferința pe care o provoacă, nu ne-am strădui atât de mult pentru o viață mai bună. Ne-am mulțumi cu mai puțin sau cu ceea ce a fost suficient de bun pentru noi la momentul respectiv.

Capitolul 6 – Cum ne înrobesc frica și conformismul

Majoritatea oamenilor nu își dezvoltă calitățile necesare pentru a evita să devină ținte pentru cei mai slabi dintre noi, așa că pentru marea majoritate, viața este ușoară și se rezumă la a face ceea ce văd că fac alții. Ei citesc cărțile pe care toată lumea le spune să le citească și gândesc la fel ca majoritatea oamenilor. Ideea lor despre bine și rău îi face să pară acceptați social de majoritate. Le este foarte frică să fie diferiți, chiar dacă toată lumea pretinde că este diferită.

De fapt, este un aspect foarte ciudat al societății faptul că oamenii se consideră independenți, când, de fapt, nu au capacitatea de a gândi independent sau chiar instrumentele necesare pentru a învăța cum să facă acest lucru. Mai rău, ei nu sunt conștienți de faptul că gândurile lor nu sunt independente, deoarece nu reflectă niciodată asupra lor și nu încearcă să le schimbe din niciun motiv. În schimb, raționalizează că tot ceea ce le dovedește că greșesc este greșit și apoi se întorc la ceea ce făceau. Faptul că unii citesc mai mult nu îi face mai buni în niciun fel și nu există nimic în experiența lor care să justifice să crezi orice spun sau recomandă. Ei văd lumea de la baza scării evolutive. Pentru ei, sunt un prost pentru că nu sunt de acord cu ei și nu vreau să citesc cărțile pe care le recomandă. Pentru ei, sunt doar norocos, chiar dacă este evident că cărțile pe care le-au citit nu au produs niciun rezultat în viața lor. Nici măcar nu puteau explica cărțile cum trebuie, pentru că autorul complica probabil ceva care era deja neinteresant și fără rost.

Un aspect curios al acestor oameni este că ar prefera să mă urască pentru că scriu cărți care le contrazic viziunea asupra lumii decât să vrea să învețe mai multe și să-și înfrunte propriile greșeli, temeri și nesiguranțe. Dar acesta este și cel mai devastator efect al minții asupra unui individ, atunci când acționează ca un tiran, împiedicându-l să vadă realitatea așa cum este și, în schimb, ținându-l înrobit vechilor tipare de gândire care nu-i permit să mai vadă.

Nu mă mândresc neapărat cu faptul că citesc o mulțime de cărți, ci cu faptul că decid foarte repede ce să citesc și ce să nu citesc și că am o atitudine critică față de informațiile conținute în ele, în loc să fiu un adept orb al unor figuri populare. Ceea ce m-a motivat să devin scriitor a fost tocmai constatarea că majoritatea cărților sunt proaste și că majoritatea autorilor sunt narcisiști care nu au nimic de spus și, în unele cazuri, răspândesc și mai multă confuzie. Este interesant de observat că aceeași capacitate de a vedea care îi face pe mulți oameni să mă numească acum arogant și narcisist. Este foarte interesant că atunci când vezi lumea așa cum este, orbii te urăsc pentru că vezi ceea ce ei nu pot vedea. nu am văzut niciodată atâta prostie în viața mea.

Nu am mai văzut atâta prostie în viața mea ca atunci când încep să le spun oamenilor că scriu cărți pentru a trăi și ei își dau seama că cărțile mele nu se potrivesc cu viziunea lor egoistă și infantilă asupra lumii. Insecuritățile și temerile lor ies la suprafață într-un mod urât, mai ales în rândul celor care își spun creștini. Este uimitor cât de mult iad se ascunde sub măstile celor care vor să pară sfinți și fac tot ce pot pentru a fi considerați buni. Cu cât învățam și scriam mai mult, cu atât creștea ura față de ceilalți, ca și cum aș fi devenit o amenințare pentru existența lor. Acest lucru se datorează faptului că ei sunt doar un număr în sistem, depinzând teribil de el pentru a se valida. Dar, personal, nu-mi compar gândurile cu cele ale altora în termeni de cantitate sau calitate, ci în termeni de eficiență, care poate fi învățată. Așa că nu e nevoie de invidie sau rușine. De fapt, este înțelept să copiem ceea ce a produs eficient rezultate pozitive în viața altcuiva. De aceea, de fiecare dată când oamenii îmi cer sfaturi despre cum să scrie o carte, le spun să scrie o autobiografie. Cel puțin poți contribui la iluminarea lumii cu greșelile tale, dacă nu cu succesele tale.

A ști ce să nu faci și de ce este la fel de important ca a ști ce să faci. Mulți dintre noi am eșuat în viață, la fel ca alții, din cauza ego-ului și a ignoranței noastre. Nimic nu contribuie mai mult la eliminarea acestei suferințe auto-provocate decât cărțile despre eșecul personal. Cu toate acestea, oamenii sunt prea egocentrici și nesiguri pentru a le scrie. Acesta este paradoxul prostiei umane: oamenii se reîncarnează de multe ori pe acest pământ, repetând exact aceleași greșeli din exact aceleași motive, pentru că nimeni nu face nimic în această privință. Toți sunt prea obsedați de micile lor vieți mizerabile, încercând să pară mai importanți decât sunt în realitate, pentru a le mai păsa de ceilalți. Cu excepția faptului că, dacă toată lumea este așa, atunci și noi suntem incluși. Mintea egoistă nu poate înțelege asta.

Capitolul 7 – Evoluția percepției

Î n vârful căii de evoluție ca ființă umană, nu mai vezi realitatea ca fiind corectă sau greșită, ci ca fiind interesantă sau neinteresantă, sau ca informație eficientă sau opinie personală inutilă. Este fascinant când oamenii se înfurie pentru că le spui că opiniile lor sunt lipsite de valoare. Ei chiar cred că opiniile lor au valoare, fără un motiv anume. Marea majoritate a oamenilor sunt incapabili să compare sinele cu întregul și se văd ca entități separate, dar, în mod ironic, caută validarea din partea întregului. Astfel, ei sunt incapabili să distingă între ceea ce este al lor și ceea ce nu este, presupunând că totul le aparține, mai ales atunci când este validat de Întreg.

Acest lucru include gândurile lor, care sunt de obicei o reflectare a ceea ce văd că gândesc ceilalți. Ei presupun apoi că normal este ceea ce a fost normalizat și că tot ceea ce este în afara acestui spectru nu este normal. Învață astfel să se teamă, dar nu își pun niciodată la îndoială propriile convingeri. În schimb, permit ca aceleași convingeri să îi condiționeze. Dacă cineva le spune altceva, le resping. De fapt, mi-a luat ani de zile să înțeleg de ce atât de mulți oameni evitau să vorbească cu mine, până când mi-am dat seama că pur și simplu nu puteau vorbi cu cineva care contesta tot ceea ce credeau ei că este adevărat. Cu cât știi mai multe, cu atât proștii care își creează identitatea pe baza opiniilor populare te vor respinge, pentru că le provoci o criză de identitate. Mulți oameni pe care i-am întâlnit mi-au spus chiar că nu pot dormi sau că au coșmaruri din cauza a ceea ce le-am spus. Coșmarurile sunt modul în care mintea luptă împotriva ei însăși atunci când este zădărnicită și provocată emoțional. Un coșmar este o nesiguranță care iese la suprafață pentru a fi depășită. Cu toate acestea, acest lucru nu se întâmplă niciodată, deoarece individului îi este prea frică să își înfrunte nesiguranța. Acesta este motivul pentru care au coșmaruri.

Un rezultat și mai surprinzător al acestei situații este atunci când oamenii neagă nu numai faptele, ci și realitatea care le însoțește. Mulți oameni pe care i-am întâlnit spun la propriu că nu sunt un scriitor adevărat pentru că nu mă încadrez în nimic din ceea ce cred ei despre scriitori. Sunt atât de cufundați în stereotipuri și roluri sociale încât nu pot înțelege că scrierea unei cărți nu este legată de statutul social, ci de cunoaștere, iar această cunoaștere este validată nu de spațiul sau produsul în care este prezentată, ci de eficiența sa. Cu alte cuvinte, ei sunt incapabili să evalueze informațiile din spatele imaginilor sociale. Este ca și cum ar fi fost prinși toată viața în viziunea unui copil, în care totul trebuie să intre într-o cutie, iar lumea nu este nimic mai mult decât obiecte în cutii. Ei nu înțeleg fluiditatea realității.

Acesta este același motiv pentru care oamenii sunt fataliști și presupun că totul este fixat de la naștere. Este chiar mai rău când medicii spun că toate bolile sunt genetice sau că inteligența nu se schimbă. Această minciună este perpetuată peste tot în lume pentru că oamenii sunt prea proşti pentru a-şi imagina o realitate în care lucrurile se schimbă. Această viziune asupra lumii ar contesta tot ceea ce ei cred că este adevărat şi i-ar face să realizeze că au fost înşelaţi de lumea în care au încredere. Ei nu pot face asta, aşa că aleg să creadă că nimic nu se schimbă şi că eşti doar o copie a tuturor celorlalţi din cutia din care faci parte. De aceea, oamenii mă întreabă unde m-am născut şi petrec ore întregi vorbind despre asta, ca şi cum informaţia despre locul meu de naştere ar conţine tot ceea ce trebuie să ştie despre mine. Acest lucru îmi spune două lucruri: unul este că ei îmi invalidează întreaga existenţă şi identitate; celălalt este că ei se văd în acelaşi fel.

Văd exact aceeaşi problemă cu cei care îmi spun că vor să scrie o carte, pentru că îmi pun mereu întrebări despre cum să o promoveze şi să o vândă. Nu am întâlnit niciodată o persoană, dintre multele care pun aceste întrebări, care să mă fi întrebat de fapt ce vor oamenii să citească sau cum să scriu o carte bună. Toată lumea este obsedată de a fi scriitor, nu de a-şi justifica alegerea. Toată lumea este disperată după validare, nu după valoare. Oamenii sunt bolnavi mintal, iar scrierea unei cărţi nu va schimba asta, dar ei cred că realizările lor le vor permite să câştige respectul de care au nevoie pentru a simţi că merită viaţa pe care au irosit-o.

Această idee provine dintr-o mentalitate egoistă, în care oamenii cred că îşi pot impune voinţa asupra altora, chiar dacă aceştia scriu prostii. Astfel, ajungem la o lume în care majoritatea cărţilor nu merită citite şi mulţi cititori citesc prostii. În ambele cazuri, ei se completează reciproc la capătul inferior al scalei evolutive, deoarece unul scrie pentru a se simţi important, în timp ce celălalt citeşte pentru a se simţi important. Este nevoie de un suflet mult mai evoluat pentru a scrie cărţi care merită citite, precum şi de un cititor mai evoluat pentru a le recunoaşte. De aceea spun că eu nu aş putea exista fără cititorii mei, pentru că amândoi facem parte din acelaşi sistem şi nu m-aş mira dacă, înţelegându-mi propriile scrieri, ei ar scrie cărţi pe care eu aş vrea să le citesc.

Capitolul 8 – Cum ignoranța colectivă ne modelează lumea

O idee este valoroasă doar dacă majoritatea o apreciază; prin urmare, avem lumea pe care o considerăm relevantă pentru că facem ca tot restul să fie irelevant. Această formulă poate fi aplicată la orice, inclusiv la tehnologie, inginerie și afaceri. După cum au descoperit mulți inventatori, o invenție bună într-o lume de idioți nu generează profituri, deoarece idioții nu văd valoarea a ceea ce este oferit. Acest lucru este ușor de înțeles dacă vă imaginați că vă întoarceți în timp și aduceți televizorul într-o societate care trebuia să vâneze pentru a supraviețui, deoarece acest divertisment le-ar distrage atenția suficient de mult timp pentru a sfârși prin a muri. Ar fi venit un moment în care ar fi realizat că televizorul era de fapt o dependență care le compromitea capacitatea de a supraviețui ca trib. Astăzi, televizorul joacă un rol foarte diferit, deoarece oamenii îl văd ca pe o modalitate de a evada din realitate și de a se relaxa. Fără televizor, majoritatea oamenilor ar înnebuni probabil gândindu-se la propria lor existență.

Un filozof nu poate avea mulți prieteni tocmai din acest motiv, iar filozofii sunt interpretați greșit ca oameni care își pierd timpul gândindu-se la prostii, deoarece majoritatea societății nu știe să gândească, nu vede rostul și nu îi place să o facă. Învățând să gândești și începând să gândești eficient, devii conștient de propria mizerie, ceea ce este exact opusul a ceea ce vor oamenii atunci când sunt distrași de compania altora și de numeroasele forme de divertisment.

Îmi amintesc când un profesor mi-a dat rezultatul examenului național de filosofie și mi-a spus: „Nu știm cum ai reușit, dar ai obținut cea mai mare notă din întreaga țară”. Se referea la surprinderea multor profesori de filosofie la nota mea. Erau surprinși pentru că nu puteau înțelege cum un adolescent poate memora atâta complexitate și să o explice atât de bine la un examen. Cu toate acestea, nu am fost surprins de nota mea, pentru că am înțeles ce spuneau acei filosofi și întrebările de examen mi s-au părut foarte ușoare pentru cantitatea de informații pe care am putut să o transmit. De fapt, am scris mult mai mult decât ar fi trebuit, tocmai pentru că am putut vedea aplicarea a tot ceea ce explicau acești filosofi. Cu toate acestea, la momentul respectiv, nu mi-am dat seama că profesorii de filosofie nu puteau vedea la fel de departe ca mine și i-am considerat profesori răi care aveau tendința de a complica lucrurile simple.

Ei încercau să evalueze în același mod în care se vedeau pe ei înșiși, regurgitând informații pe care nu le puteau asimila. Și totuși, aici avem o societate de proști care îi judecă pe alții doar după poziția lor socială. Unde mai vedem acest lucru? Pretutindeni! Chiar și idioții de la aeroport cred că mă pot opri să intru și să ies dintr-o țară din acest motiv. Adesea, ei nu știu, nu înțeleg și nu le pasă de adevăratul scop al poziției lor. Ei se consideră valoroși datorită puterii pe care o au de a-i restricționa pe alții. Dar ce alt răspuns pot da cuiva care mă întreabă: „Cât timp intenționați să rămâneți în această țară?" Ca și cum răspunsul corect nu ar fi „atât timp cât permite legea"?

Ultima dată când am intrat în Thailanda, mi s-a spus că două luni este prea mult timp pentru a rămâne în țară, la care am răspuns: „Asta este ceea ce legea spune că am dreptul". Apoi m-a întrebat de ce nu am rezervat un hotel pentru două luni, iar eu i-am răspuns: „Pentru că nu știu încă dacă mă veți lăsa să trec". Răspunsuri simple pe care acești idioți nu le înțeleg pentru că nu știu cum să-și facă treaba corect. Aceasta este aceeași problemă peste tot în lume. Oamenii își confundă autoritatea cu scopul muncii lor pentru că nu știu ce fac. Ei joacă doar un rol fără nicio semnificație reală. Acest lucru este și mai evident în cazul manipulatorilor de bagaje, care sparg mereu bagajele călătorilor. Nu am trecut niciodată printr-un aeroport grec fără să văd o valiză nouă complet ruptă. Asta spune multe despre starea psihică a acestor oameni.

Este interesant de observat că atunci când oamenii nu pot face față vieții, tocmai pentru că nu pot face față tuturor neconcordanțelor realităților cu care se confruntă, trebuie să găsească explicații imaginare pentru existența lor și să continue să justifice ceea ce li se întâmplă, în loc să realizeze că problemele pe care le atrag sunt cauzate de propriile lor alegeri. Acesta este cu siguranță cazul multor greci, portughezi și spanioli care merită să fie pocniți în față, dar care cred că a fi nepoliticos cu alții, doar din cauza culorii pielii lor, le justifică lipsa de profesionalism și civilizație. Dar ceea ce este şi mai interesant în legătură cu minciunile pe care le acceptă oamenii este cât de mult se pot contrazice fără să-şi dea seama.

Capitolul 9: Spirala evaziunii

Oamenii spun adesea că banii nu sunt importanți, dar trăiesc cu teama de a-și pierde locul de muncă și petrec opt ore pe zi făcând ceva ce nu le place pentru a fi plătiți. Ei spun, de asemenea, că prietenii și familia lor sunt cei mai importanți oameni din viața lor, dar își petrec o săptămână întreagă lucrând cu străini. Ei spun că fericirea vine din interior, dar se gândesc mereu să călătorească în altă parte. Ei spun că mâncarea bună și climatul sunt importante, dar adesea vor să trăiască în zone mai reci dacă pot obține un salariu mai bun. Ei spun că sănătatea este foarte importantă, dar mănâncă în mod constant de plăcere, chiar și atunci când ceea ce mănâncă este dăunător pentru sănătatea lor. Această ipocrizie se extinde la ceea ce le spun celorlalți să gândească și să acționeze, pentru că este ceea ce vor ei să facă, nu ceea ce ar face ei înșiși de fapt. De exemplu, cei care îmi spun că ar trebui să rămân într-un loc și să nu călătoresc nu pot merge nicăieri. Prin urmare, ceea ce fac eu trebuie să fie rău, pentru că ei nu pot avea parte de asta. Aceasta este viziunea limitată a unui adult imatur.

Deși tristețea și depresia sunt stări emoționale normale, la fel ca fericirea, există un motiv pentru care stările negative sunt mai frecvente, iar acesta se datorează paradigmelor iluzorii care îi determină pe atât de mulți oameni să se confunde cu privire la ei înșiși și la viață. Cu cât cineva atribuie răspunsurile la problemele și emoțiile sale la ceva din afara sa și a propriilor alegeri, cu atât mai mult raționalizează cauzele ca fiind justificate și cu atât mai repede intră într-o spirală descendentă în starea sa mentală. Acest tip de gândire este exact ceea ce îi menține pe oameni în partea de jos a scalei evolutive și motivul pentru care nu pot ieși din situația în care se află.

Mulți oameni cred că pot scăpa de problemele lor cu mai mulți bani, dar acest lucru nu este adevărat, pentru că modul în care gândesc îi va duce direct înapoi acolo unde sunt, tocmai pentru că au învățat să se identifice cu el. A-ți dovedi că te înșeli înseamnă să accepți că o întreagă existență a fost irosită pentru că te-ai înșelat, iar acest lucru generează vinovăție și rușine. Acesta este motivul pentru care oamenii nu pot face față introspecției. Cu cât o persoană eșuează mai mult în viață, cu atât își dorește mai puțin să își introspecteze propriul comportament. Nu poți face o persoană care este obsedată de a fugi de viața ei să se gândească la comportamentul său, motiv pentru care adolescenții adesea nu ascultă pe nimeni care le spune că drogurile dăunează creierului și corpului.

Se spune că trebuie să fii umil pentru a găsi adevărul, dar această umilință nu are nimic de-a face cu modul în care îi tratăm pe ceilalți, ci cu felul în care ne vedem pe noi înșine. Trebuie să fim capabili să ne recunoaștem rușinea și vinovăția înainte de a ne asuma responsabilitatea pentru viața noastră. Este de ajutor dacă vă puteți încrede într-o putere superioară, Dumnezeu, care să vă ghideze, şi dacă îl vedeţi pe acest Dumnezeu ca fiind scopul vostru final, şi nu pe voi înşivă, deoarece nu există nicio limită pentru ceea ce consideraţi a fi adevăratul vostru sine. Acestea sunt de fapt singurele două opţiuni pe care le aveţi, pentru că fie sunteţi aliniaţi cu o inteligenţă superioară, fie sunteţi supuşi sistemului de credinţe al colectivului şi acţionaţi întotdeauna ca un pion în acest joc.

Deşi poate părea mai uşor să renunţăm la controlul personal asupra destinului nostru, există mult mai multe riscuri implicate. Oamenii pot avea medii şi personalităţi diferite şi, prin urmare, răspund diferit la provocările vieţii, dar toţi procesează informaţiile în acelaşi mod şi filtrează realitatea în conformitate cu aceleaşi legi ale minţii. De aceea, nu putem spune că există subiectivitate, decât atunci când vine vorba de alegerile noastre personale. Cele mai înalte niveluri de recunoaştere includ iubirea ca o emoţie care ne împlineşte, fie atunci când ne îndreptăm spre lucrurile care ne fac fericiţi, fie atunci când contribuim la dezvoltarea planetei. Acesta este motivul pentru care singurătatea nu este naturală pentru o fiinţă umană. Singurul mod în care o persoană s-ar putea simţi bine fiind singură ar fi dacă ar fi conştientă că lucrurile pe care le produce în momentele de singurătate comunică cu alţi oameni din jurul ei şi creează schimbări importante care necesită un astfel de sacrificiu. Acesta este motivul pentru care vedem această atitudine cel mai des la artişti şi lideri.

Este posibil ca mulţi oameni din ziua de azi să nu realizeze că sunt singuri, însă lipsa contactului fizic, a interacţiunilor faţă în faţă şi utilizarea constantă a reţelelor sociale pentru toate tipurile de comunicare ne arată că într-adevăr sunt singuri. Numeroasele distrageri ale atenției din zilele noastre nu schimbă acest fapt. Când sunteți alături de cineva, există mult mai mult decât schimbul de cuvinte: există, de asemenea, emoții, percepții și o anumită cantitate de comunicare non-verbală. În general, aceste interacțiuni pe mai multe niveluri ne ajută să înțelegem mai bine ce înseamnă să fii om.

Capitolul 10: Aservirea mentală într-un sistem controlat

Unul dintre cele mai importante lucruri despre a fi om pe care oamenii par să îl uite din cauza interacţiunii constante din lumea virtuală este aprecierea. Oamenii sunt acum prea obsedaţi de ei înşişi şi de nevoile lor şi tind să uite importanţa recunoaşterii valorii unei alte fiinţe umane. Acest lucru este uşor de înţeles atunci când interacţionaţi cu un copil, în comparaţie cu majoritatea adulţilor, deoarece copilul se aşteaptă ca cel puţin să zâmbiţi, să-i răspundeţi la întrebări şi să vă luaţi la revedere când plecaţi. Acest lucru nu se întâmplă cu adulţii, care adesea nici măcar nu privesc copiii în ochi. De asemenea, copiii sunt mai receptivi decât adulţii la primirea de cadouri. Copiii zâmbesc atunci când le oferiţi ceva, în timp ce adulţii încep să se întrebe care sunt intenţiile dumneavoastră.

Aceste diferenţe de comportament au multe cauze şi putem spune chiar că copilul este naiv, dar adevărul este că adultul a învăţat să își interiorizeze gândurile și să nu aibă încredere în ceilalți oameni. Deși acest comportament este așteptat, el nu poate fi considerat normal. Adulților le ia mult timp să aibă încredere, iar acest lucru face ca interacțiunile să fie dificile, motiv pentru care mulți oameni trăiesc o viață singuratică. Cu toate acestea, ignorarea acestor fapte face ca oamenii să fie și mai izolați decât ar trebui, cel puțin în multe culturi ale lumii modernizate. Ca urmare a faptului că petrec mai multe ore interacționând cu algoritmii și mai puține cu oamenii, masele devin și mai obsedate de propriile convingeri, pur și simplu pentru că lumea virtuală reproduce în mod constant ceea ce le place să facă pentru a solicita mai multă interacțiune și atenție.

Dacă inversăm această paradigmă și luăm în considerare modul în care individul se schimbă prin interacțiunea cu ceilalți, vom vedea că dificultatea schimbării apare ca o cristalizare a ceea ce există deja: convingerile lor internalizate despre sine, despre ceilalți și despre planetă. Rezultatul acestei stări de spirit este că tot mai mulți oameni acționează cu aroganță și, în același timp, sunt proști cu privire la lucrurile pe care le consideră adevărate. Este ca și cum ai spune că, deoarece îți cunoști casa, cunoști și restul lumii. Oamenii presupun apoi că au dreptate pentru că rezultatele lor în viață sunt întotdeauna aceleași, în loc să realizeze că rezultatele lor sunt previzibile pentru că alegerile lor sunt întotdeauna aceleași.

Acest lucru are două avantaje pentru sistem: unul este că oamenii sunt ușor spălați pe creier și controlați, deoarece nu doresc să schimbe paradigma imprimată în mintea lor; celălalt este că individul devine previzibil. Totuși, această predictibilitate este benefică pentru sistem, dar nu și pentru individ, care devine sclavul propriei minți. Această sclavie mentală se reflectă în modul în care oamenii procesează informațiile. De exemplu, sunt mereu întrebat cum îmi pot face ușor prieteni în orice țară, iar răspunsul surprinde de obicei persoana care întreabă. Deoarece oamenii sunt obsedați de propria lor viziune asupra lumii, nu realizează niciodată că singura modalitate de a-ți face noi prieteni este să faci ceva diferit de ceea ce fac alții. Răspunsul simplu este să creezi haos. Trebuie să creați haos în realitățile altor oameni pentru a le schimba comportamentul. Aceasta înseamnă să începi conversații cu necunoscuți, să organizezi propriile evenimente și să explorezi noi moduri de gândire care se aliniază tendințelor pe care le observi.

Desigur, este posibil ca oamenii să fie jigniți de comportamentul tău și confuzi de încercările tale de a le vorbi, dar acest lucru face parte din proces și nu toată lumea va reacționa în același mod. Comparând diferitele reacții, puteți reformula o strategie mai bună și vă puteți adapta la ea. Cu toate acestea, ceea ce se întâmplă cu majoritatea oamenilor este că ei cred ceva ce nu este adevărat și fac din asta parte din personalitatea lor. Iar atunci când ceva nu funcționează, ei inventează un motiv pentru aceasta. Aceasta se numește raționalizarea unor observații care pot sau nu pot fi adevărate. Adesea, oamenii se mulțumesc cu un răspuns, chiar dacă acesta nu rezolvă nimic.

Acest lucru îmi amintește de o întâmplare cu un vechi prieten. Toți băieții din grupul nostru de prieteni erau interesați de ea și îi acordau în mod constant atenție, în special un băiat care mă insulta mereu cu glume proaste și o conducea la ea acasă. De fapt, am crezut că formează un cuplu când i-am întâlnit prima dată, dar abia mai târziu mi-am dat seama că comunicarea ei non-verbală arăta că nu formează un cuplu și că ea nu era interesată de el. El nu avea nicio pârghie, deşi chiar credea că dacă îi va fi alături şi o va plimba cu maşina lui prin oraş, va obţine ceva. Apoi ea a început să dea semne că era interesată de mine, în timp ce toţi ceilalţi din grup nu vedeau ce se întâmplă. Lucrurile s-au dezvoltat între noi, dar când restul grupului ne-a văzut împreună, au fost şocaţi şi unii chiar au spus: „Cum s-a întâmplat asta dacă abia vorbeaţi unul cu celălalt?" Practic, eu interpretam comunicarea non-verbală, ceea ce îmi dădea mult mai multe informaţii decât ceea ce spuneau sau vedeau oamenii.

Capitolul 11 – Neimportanța a ceea ce spun oamenii

Î n general, ceea ce spun oamenii este o minciună sau complet irelevant. Oamenii vorbesc pentru a se simți importanți, nu pentru că au ceva de spus. Este mai probabil ca ei să își exprime nesiguranța și nevoile în felul în care vorbesc decât să spună ceva la care merită să răspundeți. Și chiar dacă răspunzi la ceea ce spun ei, de obicei sunt atât de obsedați de ei înșiși încât nu acordă atenție la ceea ce spui tu, cu excepția cazului în care îl pot folosi pentru a părea mai relevanți în conversație. Apoi urmează batjocorirea celorlalți. Acesta este un mod copilăresc prin care persoanele nesigure se simt validate într-un grup și adesea are mai mult de-a face cu ceea ce simt decât cu ceea ce pot vedea.

Majoritatea oamenilor nu pot vedea cu adevărat nimic, pot doar să facă presupuneri. Oamenii nu știu nimic, dar fac o mulțime de presupuneri. Toată lumea are o părere despre lucruri despre care nu știe nimic. Spre surprinderea mea, mulți oameni care nu au scris o carte în viața lor, care nu au lucrat niciodată pentru o editură, vor să-mi dea sfaturi despre cum să scriu cărți și se supără când resping ceea ce spun ei ca fiind o prostie absolută. Ei cred că ceea ce cred ei pe baza opiniei populare este mai adevărat decât propria mea experiență de viață sau decât banii pe care îi fac din ceea ce știu.

Ori de câte ori ieși din zona ta de confort, vei fi confruntat în mod inevitabil cu idioți care îți vor apăra cu furie dreptul de a nu fi făcut asta niciodată. „Te înșeli pentru că toată lumea de aici este de acord cu mine" este probabil cel mai stupid lucru pe care l-am auzit vreodată pe cineva spunând. Cu toate acestea, ea avea peste 70 de ani, dovedind că oamenii pot fi proști toată viața și să nu învețe niciodată nimic care să le justifice existența pe această planetă. Când îi vezi pe oameni așa cum sunt și nu pentru ceea ce spun, vezi mult mai multe în spatele măștilor lor, iar apoi te urăsc cu adevărat. De ce nu ar face-o? Le scoți la iveală nesiguranța. Dar adevărul este că însăși existența lor este o insultă pentru toți ceilalți, pentru că ei nu înseamnă nimic. Sunt doar replici false a ceea ce admiră și vor să imite; nu sunt oameni reali. Nu au o identitate proprie. Adesea, nici măcar nu-și pot explica propriile sentimente. Acest lucru se datorează faptului că majoritatea emoțiilor lor sunt declanșate de convingeri și nesiguranțe inconștiente, nu de evenimente raționale din viața lor care le justifică.

Să-i văd pe europeni uitându-se la mine îngroziți în timp ce sorb un espresso este la fel de dificil ca și încercarea de a le explica altor europeni care refuză să mă creadă. Este greu să vorbești despre comportamente nebunești într-o lume pe care oamenii nebuni o consideră normală. Când le arăți, oamenii creează noi iluzii pentru a nega ceea ce le arată ochii. Ei nu pot vedea nimic cu conștiința lor limitată. Oamenii sunt atât de proști încât poți repeta aceeași propoziție la nesfârșit și tot vor face ce vor, așa că adesea este o pierdere totală de timp să încerci să explici ceva cuiva care este pur şi simplu prea prost. Pot să repet de două ori că persoana de lângă mine nu este „thailandeză", dar dacă persoana cu care vorbesc crede că este, va încerca să vorbească cu ea în thailandeză pentru a-şi confirma opinia. Acelaşi lucru se întâmplă şi atunci când turcii sau sârbii insistă să îmi vorbească în limba lor maternă, chiar şi după ce le spun că nu îi înţeleg. Mulţi oameni de pe această planetă sunt foarte proşti. De aceea avem nevoie de roboţi, nu pentru a-i înlocui, ci pentru a avea un pic de bun simţ şi inteligenţă de bază într-o lume în care nu există, iar majoritatea oamenilor nu sunt altceva decât nişte automate care funcţionează defectuos şi care insistă pe date false.

Fiinţele umane sunt inutile pentru cele mai simple locuri de muncă din cauza prostiei lor. Majoritatea sunt retardaţi mintal şi nu au dreptul la nicio slujbă, nici măcar să servească cafea. Pentru că, aşa cum am văzut de multe ori, nu îşi pot aminti nici măcar o comandă simplă şi, mai rău, nu vor recunoaşte că au făcut o greşeală. În ţări precum Lituania şi Macedonia de Nord, oamenii sunt atât de proşti încât poţi spune orice şi ei vor reacţiona diferit. În Lituania, prăjiturile pe care le-am comandat veneau de obicei cu păr pe deasupra, pentru că nu le păsa. Mă întreb cât de bolnavă mintal trebuie să fie o persoană pentru a pune un tort cu păr pe el pe o farfurie şi a-l înmâna unui client în felul acesta. Este de necrezut. Lituanienii sunt incredibil de nebuni. Dar este imposibil să le spui aceste lucruri oamenilor care trăiesc în lumea lor, pentru că nu numai că nu le văd, dar le interpretează ca pe un atac la adresa ţării lor. Când le spun studenţilor mei chinezi că ţara lor are un aer groaznic, ei îmi spun că doar străinii suferă din cauza asta, ca şi cum creierele lor comuniste delirante ar fi adaptate la respiraţia unor niveluri toxice de poluare şi oamenii lor nu ar muri de cancer. Este greu să îi înţelegi pe cei proşti atunci când luptă pentru dreptul de a rămâne proşti.

Capitolul 12 – Cum percepția ne modelează viața

Cei care nu văd prea multe vor fi întotdeauna uimiți de ceea ce pot realiza cei care văd, pentru că ei chiar nu au nicio idee despre cum funcționează viața. Majoritatea oamenilor sunt atât de incredibil de proști încât își creează în mod constant propria karmă în fiecare zi și nu o pot vedea. Ei pot vedea doar reacțiile la comportamentul lor, niciodată ceea ce fac greșit, deoarece sunt incapabili să simtă empatie sau să vadă lucrurile din unghiuri diferite. Polonezii sunt un exemplu perfect al acestei mentalități. Nu am văzut niciodată oameni atât de nepoliticoși și de proști ca polonezii.

Pe de altă parte, viața ta trebuie să fie deranjantă și ofensatoare pentru alții dacă vrei să o ai. Cei care sparg ideile preconcepute își fac întotdeauna dușmani, mai întâi printre cunoscuți și apoi printre străini. Și dacă nu reușești să creezi haos în realitatea ta, vei sfârși prin a te conforma așteptărilor altora. Teama de ceea ce cred ceilalți este cea mai rapidă scurtătură pentru a nu deveni niciodată o persoană demnă de considerație și pentru a nu realiza niciun vis.

Alinierea ta la aşteptările altora este ultimul lucru pe care ar trebui să ţi-l doreşti, pentru că te va face întotdeauna nefericit. Poţi face mai multe pentru tine creând dezacorduri. De fapt, nu vei avea niciodată dezacorduri cu cei care nu sunt hotărâţi să te oprească, pentru că ei înşişi sunt aliniaţi nevoilor tale şi nu se eschivează de la responsabilităţile lor.

Atunci când nu există dezacorduri, oamenii raţionalizează ceea ce observă pentru a da sens vieţii lor şi atunci concep că trebuie să ai un truc pentru a obţine rezultatele pe care ei nu le pot obţine sau că îi poţi manipula cumva pe ceilalţi să facă ceea ce vrei tu. Orice este în afara zonei tale de confort este întotdeauna un mare mister magic sau, în cel mai bun caz, o fraudă. Majoritatea oamenilor nu reuşesc să vadă cum viziunea lor asupra celorlalţi se reflectă în rezultatele din propria lor viaţă.

Încăpăţânarea oamenilor se aplică şi la căutarea unui loc de muncă. Aşa cum am văzut de multe ori, oamenii refuză să creadă orice lucru cu care alţii nu sunt de acord, chiar dacă le-ar putea pune în pericol propriul viitor. Când am încercat să le explic studenţilor mei cum ar trebui să se comporte pentru a-şi găsi un loc de muncă, au ignorat ceea ce le-am spus. Am încercat chiar să le spun că am condus multe companii înainte de a lucra ca profesor universitar, dar probabil au crezut că mint. Ceilalţi profesori ai lor nu aveau experienţă în nimic din ceea ce ne putem imagina, nu aveau nici măcar experienţă în predare. Aşadar, atunci când vorbim despre perspicacitate, vorbim evident şi despre eficacitate şi pragmatism. Dacă oamenii nu văd evidenţa, nu sunt doar proşti, ci şi incompetenţi pentru a supravieţui. Dacă oamenii nu îşi dau seama că un sfat le va creşte şansele de supravieţuire, cu un loc de muncă şi un venit mai bun, pur şi simplu nu sunt suficient de inteligenţi pentru a supravieţui. Şi, din păcate, pentru că sistemul este conceput pentru a-i face pe oameni să simtă că fac parte dintr-o structură controlată de alţii, duce şi la această retardare. Acesta este motivul pentru care haosul este necesar pentru ca evoluţia să aibă loc, chiar dacă este forţat de colapsuri financiare şi războaie.

O altă problemă a persoanelor retardate mintal este că, deoarece nu pot vedea diferenţa dintre o credinţă şi un fapt, insistă asupra credinţelor lor pentru a-şi proteja stima de sine, deoarece cred că este mai importantă decât supravieţuirea lor. Aceasta este o altă consecinţă a mentalităţii de oaie creată de un sistem ierarhic.

Pentru o vreme, am crezut că modul în care gândesc oamenii sau motivele lor ar putea avea cauze diferite în funcţie de mediul lor cultural, dar apoi am ajuns la concluzia că acestea se bazează pe aceleaşi principii. De fapt, la baza scării evolutive, oamenii gândesc în acelaşi mod. Diferenţierea vine mai târziu, când învaţă să gândească independent. Până atunci, oamenii sunt emoţionali în deciziile lor, nu raţionali. Prin urmare, dacă le satisfaceţi nevoile emoţionale, este mai probabil să accepte ceea ce le spuneţi. Cu cât sunt mai copilăroşi, cu atât sunt mai predispuşi să accepte orice sfat bazat pe ataşamente emoţionale.

Rezultatul unei societăţi retardate este, prin urmare, unul disfuncţional, deoarece într-un astfel de mediu oamenii tratează clienţii prost, se plâng de lucruri irelevante şi muncesc cât mai puţin posibil. Atunci când votează sau iau vreo decizie importantă, ei votează pentru cei care le promit cea mai mare fericire, chiar dacă ceea ce spun aceşti lideri este complet ilogic şi chiar periculos.

Capitolul 13 – Luarea deciziilor și iluzia logicii

Deciziile importante legate de votul pentru cine ar trebui să fie la putere, la fel ca deciziile luate la interviurile de angajare, sunt motivate de nevoia de a satisface nevoile emoționale. Am încercat să le explic acest lucru studenților mei, dar erau prea obsedați de propriile atașamente emoționale pentru a recunoaște când cineva încerca să îi ajute. Mai târziu, s-au trezit în slujbe pe care le urau, în timp ce îmi spuneau că și-ar fi dorit să aibă viața mea. Acest ciclu se repetă peste tot și pentru multe generații. De aceea am crezut că predatul este o pierdere de timp. Oamenii sunt prea proști pentru a fi învățați.

Deși inițial am crezut că studenții universitari ar fi mai independenți și mai capabili, este exact invers: sunt cei mai răi, pentru că sunt deja complet îndoctrinați de metodele societății. Sunt perfect adaptați la o lume care nu există, așa că nu este de mirare că atât de mulți studenți ajung șomeri.

Una dintre cele mai irosite lecţii pe care le-am ţinut vreodată a fost în Lituania. Am oferit unei clase de studenţi tot ceea ce ştiam despre succesul în viaţă, principii pe care le învăţasem de-a lungul unei vieţi, iar ei pur şi simplu le-au ignorat. Mulţi dintre ei erau probabil prea concentraţi pe aspectul şi culoarea pielii mele pentru a le păsa, deoarece păreau prea rasişti şi prea proşti pentru a asculta un cuvânt din ceea ce le explicam. La fel ca ei, majoritatea oamenilor de pe această planetă sunt complet inutili. Ochii lor nu văd nimic şi urechile lor nu aud nimic. Singura rază de speranţă pentru omenire o reprezintă copiii, dar dacă părinţii lor îi împiedică să înveţe mai eficient şi îi fac proşti pentru că pun întrebările potrivite, toate eforturile lor se vor dovedi zadarnice.

Mai mult, părinţii dezaprobă adesea profesorii care încearcă să îi educe mai eficient pe copiii lor pentru că nu sunt de acord cu metodele lor. Astfel, aceşti părinţi pun în pericol viitorul copiilor lor, reproducând un sistem deja disfuncţional. În loc să îşi facă copiii adulţi mai buni, îi fac la fel de inutili ca şi ei.

Emoţiile noastre au un motiv pentru a exista, dar ele nu sunt cel mai important aspect al unui proces decizional eficient. Adesea ne folosim oricum emoţiile, conduşi de frică şi de traume. Cu toate acestea, deoarece oamenii sunt conduşi în mod fundamental de emoţiile lor şi se bazează pe aspectele iraţionale ale minţii lor, adică pe experienţele pe care le-au uitat, dar care încă le afectează procesul mental şi capacitatea de a lua decizii congruente şi logice, ei îşi filtrează întreaga realitate pe baza acestor aspecte iraţionale. Multe dintre convingerile pe care le au oamenii nu au absolut niciun sens, dar ei nu pot vedea acest lucru, chiar şi atunci când le arătăm, şi asta înseamnă să fii inconştient.

Această situație poate fi observată în diverse aspecte ale societății, cum ar fi politica, educația și religia. De exemplu: „Fac așa pentru că toată lumea este de acord că așa trebuie făcut”. Și deși nu putem ignora faptul că modul în care reacționăm emoțional afectează modul în care suntem percepuți, adică că trebuie să creăm o comunicare empatică pentru a fi înțeleși, este dificil să empatizăm cu idioții dintre noi. Ei nu sunt conștienți de propria lor lipsă de conștiință, dar insistă că problema ești tu, nu ei.

Un exemplu în acest sens a fost o situație din Grecia în care cineva a continuat să facă greșeli cu biletul meu de feribot și mi-a spus că eu sunt problema, deși mesajele arătau clar că nu citise nimic corect. Am văzut același lucru în multe alte țări, unde oamenii presupun multe despre ceea ce citesc, dar nici măcar nu pot înțelege ceea ce citesc. Atât de departe sunt de realitate. Ei nu pot face față cuvintelor și fac presupuneri despre ceea ce nu este scris.

Cu toții cunoaștem oameni care presupun lucruri pe care nu le-am spus niciodată pentru că așa își fabrică creierul o realitate, ca și cum ceilalți nu ar fi decât obiecte în acest film mental. Cu cât cineva se află mai jos pe spectrul conștiinței, cu atât este mai probabil să facă presupuneri. Acesta este motivul pentru care bolnavii mintali percep întotdeauna amenințări acolo unde nu există, cum ar fi atunci când doamnele britanice își apucă portofelele când sunt lângă ele sau fug de mine când merg pe jos, ca și cum aș fi o amenințare la adresa existenței lor. Mulți oameni au probleme mentale care depășesc orice înțelegere logică.

Din aceste motive, atunci când vorbim despre comunicarea empatică și despre a simți empatie pentru o altă persoană, ar trebui să fim conştienţi că aceste atitudini nu ar trebui aplicate în mod egal în toate scenariile. Un bolnav mintal obişnuit va vedea aceste calităţi ca pe nişte ameninţări, în timp ce un psihopat le va vedea ca pe nişte slăbiciuni care trebuie exploatate. După cum ştie psihopatul, toată lumea are butoane emoţionale care pot fi apăsate, iar dacă o persoană este mai empatică, aceasta ştie că este mai probabil să fie de acord cu ceea ce se spune, inclusiv cu o minciună. Politicienii fac acest lucru tot timpul pentru a obţine voturi. Dacă faci acelaşi lucru la un interviu de angajare, vei obţine postul, chiar dacă nu eşti calificat pentru el, motiv pentru care psihopaţii nu au nicio problemă în a obţine un loc de muncă şi se regăsesc adesea în poziţii de conducere. Departamentul de resurse umane, în special, este adesea plin de psihopaţi. Aici încep problemele unei companii cu angajaţii săi.

Capitolul 14 – Munca pentru o lume mai bună

Dacă sunteți o persoană foarte rațională, veți fi în dezacord cu o lume care refuză să gândească și va spune că gândiți prea mult. Oamenilor emoționali nu le pasă de rațiune, pentru că sunt conduși de emoții: nevoia de plăcere și evitarea durerii, sau nevoia de confort și evitarea disconfortului. Este posibil să te urască doar pentru că culoarea pielii tale îi face să se simtă inconfortabil, așa cum mi s-a întâmplat peste tot în Europa. Mai mult, dacă nu zâmbești oamenilor, nu încerci să empatizezi cu ei sau nu răspunzi la anumite butoane sociale, oamenii pur și simplu te vor urî, chiar dacă nu ai făcut nimic pentru a justifica acest comportament. Dacă nu mă credeți, încercați să vă plimbați prin societate vorbind normal, dar să nu empatizați niciodată cu nimeni, să nu zâmbiți niciodată, să nu vorbiți despre interese comune și veți vedea.

Acest lucru ne arată că oamenii sunt încă în mare parte în starea lor animală, nu în starea umană a căii evolutive. Ei nu folosesc raționalitatea, cu excepția asimilării amenințărilor din mediul lor, care sunt percepute în mare parte prin simțurile lor iluzorii. Ideea că trebuie să arătăm emoție pentru a empatiza nu este un semn al evoluției, ci dimpotrivă: o demonstrație a lipsei unor calități intelectuale suficient de dezvoltate. Demonstrarea faptului că nu suntem o amenințare pentru cei care ne văd ca atare nu are nimic de-a face cu civilizația, ci cu cedarea la presiunea unui bolnav mintal. Acest lucru este foarte evident atunci când cineva susține că sufăr de rasism din cauza culorii hainelor mele. Este ridicol să justifici comportamentul unei persoane bolnave mintal și să îi permiți să fie considerată normală. Nevoia oamenilor de a vedea lucrurile ca fiind normale atunci când ele nu sunt, perpetuează anormalitatea lumii.

Motivul pentru care oamenii de știință etichetează aceste lucruri drept comportament uman normal este la fel de relevant ca asocierea comportamentului uman normal cu comportamentul șobolanilor, pe care îl analizează sistematic pentru a înțelege ființele umane. Cu toate acestea, știința, și psihologia în special, este preocupată doar de teoriile dezvoltate pe baza observabilului, pentru că acolo sunt banii, iar oamenii de știință lucrează pentru bani, nu pe gratis. Astfel, studiul semnificațiilor profunde este irelevant pentru ei și relegat în domeniul filosofiei sau al religiei. Ei echivalează ceea ce nu pot măsura nu cu propria lor ignoranță, ci cu domeniul credințelor culturale.

Cu toate acestea, știința este doar unul dintre multele moduri în care oamenii își aplică propriile convingeri, motiv pentru care evoluția pare atât de lentă și dificilă, în special pentru cei din prima linie care încearcă să îi împingă pe toți ceilalți spre o lume mai bună. Nu există interes pentru o lume mai bună pentru că nu există nici măcar convingerea că este posibilă și nici un efort consistent de a face această posibilitate relevantă. Oamenii sunt prea preocupați de viețile lor meschine și de nevoia lor de reputație și validare pentru a-și face griji pentru o lume pe care nu o vor vedea niciodată îmbunătățită. O lume în care eforturile de schimbare se lovesc de rezistența oamenilor care pot beneficia de pe urma acestor schimbări, ca să nu mai vorbim de cei care vor suferi de pe urma lor. Nu contează cât de inovator și creativ ești, cât de mult muncești, pentru că restul lumii va încerca întotdeauna să te oprească, să te încetinească, să te împingă înapoi sau literalmente să te ucidă dacă îi împingi pe toți prea tare și ei se simt amenințați. Acesta este motivul pentru care atât de mulți medici holistici, cu leacuri extrem de profitabile pentru boli, sfârșesc prin a muri în sinucideri aparente.

Multe figuri importante din istoria noastră au fost, de asemenea, ucise pentru că erau prea exigente. Au fost numiți lacomi, cinici, prea controversați. Acestea sunt cuvinte pe care societatea le folosește atunci când se simte deranjată de oamenii care gândesc prea mult. De fapt, atunci când știi mult mai mult decât oricine altcineva, mai mult decât toți idioții care nu știu nimic și sunt plini de aer, ți se spune să gândești mai puțin, să încetinești, să te relaxezi mai mult. Asta îmi spun oamenii tot timpul, nu pentru că gândesc prea mult, ci pentru că ei sunt prea proști, nu gândesc și nu înțeleg ce spun. Faptul că eu gândesc mai mult decât ei îi enervează. Iar faptul că eu citesc mult mai mult decât ei îi irită, pentru că le expune ignoranța. Cu toate acestea, nimeni nu mi-a spus vreodată că nu a înțeles ce am spus. Ceea ce spun de obicei este că sunt prea multe informații pentru a le înțelege sau că trebuie să citească mult atunci când scriu.

Mulți dintre acești oameni caută scurtături, răspunsuri la întrebări complexe care nu necesită mult studiu și asimilare sau, în cel mai bun caz, răspunsuri care se potrivesc cu propriile lor așteptări. Cu alte cuvinte, ei transferă problema de la ei înșiși la alți oameni, ca și cum nu ei ar fi prea proști pentru a-și rezolva propriile probleme, ci eu, pentru că nu am răspunsuri mai simple sau care să se potrivească așteptărilor lor.

Capitolul 15 – Rezistența la schimbare și evoluție

Oamenii au o programare cerebrală care îi împiedică să se schimbe: o mentalitate de primate de a urma ceea ce este cunoscut, mai degrabă decât de a evolua. Adevărul este că poți judeca o persoană după mediul în care trăiește, deoarece aceasta se adaptează rapid la el. De fapt, un sondaj realizat de Asociația de turism din SUA a arătat că aproximativ 40% dintre americani nu au călătorit niciodată în străinătate. În Canada, un sondaj Ipsos Reid a relevat aceeași cifră: aproximativ 40% dintre canadieni nu au fost niciodată într-o călătorie internațională. Conform unui sondaj realizat de Foreign & Commonwealth Office, aproximativ 35% dintre adulții britanici nu au călătorit niciodată în străinătate. Mai mult, se estimează că aproximativ 50% dintre persoanele din Regatul Unit locuiesc la mai puțin de 32 de kilometri de locul lor de naștere. Dacă acestea sunt cifrele pentru unele dintre cele mai bogate națiuni, putem estima cu ușurință că majoritatea populației lumii nu știe absolut nimic despre planeta pe care trăiește.

Potrivit Organizaţiei Mondiale a Turismului a Organizaţiei Naţiunilor Unite (OMT), în 2018 au existat aproximativ 1,4 miliarde de sosiri de turişti internaţionali în întreaga lume. Cu toate acestea, această cifră reprezintă doar o fracţiune din populaţia lumii, ceea ce indică faptul că o proporţie semnificativă de oameni nu au călătorit niciodată în străinătate. Majoritatea oamenilor încă trăiesc ca ţăranii medievali. Ei nu ştiu aproape nimic, cu excepţia a ceea ce li se permite să ştie. Cu toate acestea, mulţi nu citesc, nu se educă şi îi ridiculizează pe cei care o fac. Acest lucru nu are niciun sens. Este ca şi cum ai fi ridiculizat pentru că ai evoluat dintr-un grup de maimuţe care decid să trăiască în acelaşi copac şi să mănânce banane pentru totdeauna.

Adevărul este că, cu cât o persoană este mai proastă, cu atât se aşteaptă mai mult ca un răspuns să fie simplu, pentru că se aşteaptă ca propria lor lume să fie mai simplă. Ei nu vor inconveniente, nu vor schimbare şi vor lupta pentru dreptul de a nu se schimba. Războaiele se bazează pe faptul că nu vrei să te schimbi; altfel, ai şti că poţi să împachetezi, să te muţi în altă parte şi să o iei de la capăt. De fapt, este ridicol să-ţi fie dor de o ţară care nu avea nimic de oferit înainte de începerea războiului şi care oricum nu mergea nicăieri. Dacă eşti un antreprenor, un scriitor, un pictor sau chiar un muzician, trebuie să vrei să-ţi schimbi mediul dacă vrei să te îmbunătăţeşti, pentru că este literalmente imposibil să fii semnificativ ca individ atât timp cât eşti redus la spectrul realităţii vizibile din jurul tău. Toţi marii gânditori au apreciat complexitatea, care provine din explorarea a ceea ce nu ştim.

Una dintre cele mai frecvente greşeli pe care le fac oamenii este asimilarea a tot ceea ce vor cu ceea ce au nevoie şi astfel, în aroganţa lor, ei cred că bogăția ar trebui să corespundă cumpărării unei case mari în locul în care s-au născut, să aibă un birou pe care să îl arate altora și să meargă în locuri pe care alții le consideră semne de validare socială. Am întâlnit odată o femeie care mi-a spus că vrea să viziteze Maldive, dar ea locuia în mijlocul Europei, la o călătorie cu autobuzul și la câteva ore distanță de mai multe țări, și nu fusese niciodată în niciuna dintre ele. Și de ce să viziteze Maldivele și nu țările din jur? Validare socială! Același motiv pentru care oamenii vor să scrie o carte despre prostii.

Lucrul interesant este că, deoarece oamenii tind să își supracomplice presupunerile pe baza credințelor lor, nu pot vedea cele mai simple răspunsuri din fața lor, fie că este vorba despre o carte pe care nu o vor citi niciodată sau pe care nu se vor gândi să o citească, fie despre un autor pe care refuză să îl asculte pentru că nu le place ceea ce spune și îi face să se simtă inconfortabil. Dar, așa cum le spun mereu celor care au vise mari, totul se întâmplă pas cu pas. Nu este posibil să compar rezultatele mele ca scriitor cu cele ale unei persoane obișnuite, pentru că am petrecut o viață întreagă pregătindu-mă pentru asta, chiar fără să știu că aceasta va fi cariera mea. Cu toate acestea, persoanele care nu au o experiență de viață semnificativă, ci doar un ego mare de luat în considerare, se pot compara cu cineva care a lucrat toată viața ca profesor universitar, consultant de afaceri și expert pedagogic. Cum poate avea sens acest lucru?

Oamenii sunt atât de iluzionați și aroganți încât cred că există o scurtătură pentru a dobândi atât de multă tehnică, cunoștințe și experiență de viață. Și cum este posibil să distilezi mii de cărți într-o conversație de cinci minute? Oamenii cred că este posibil, de aceea insistă asupra acestui lucru şi apoi spun că vorbesc prea mult atunci când răspund. De ce aş vorbi prea mult, dacă nu aş fi interesat să le dau răspunsurile pe care nu au vrut să le audă pe baza modului în care m-am comportat?

Atitudinea unei persoane spune totul despre ea, iar majoritatea oamenilor pur şi simplu nu au atitudinea cuiva angajat faţă de obiectivele sale. Atitudinea noastră este o reflectare a gândurilor noastre, care ne controlează deciziile şi acţiunile. Consecvenţa acestor gânduri şi rezultate determină rezultatele financiare ale unei persoane şi chiar sănătatea sa. Dacă nu vă plac fructele şi legumele, probabil că veţi avea carii dentare, cancer şi boala Alzheimer.

Capitolul 16 – Nealinierea așteptărilor

Banii sunt un mijloc de tranzacționare și, ca atare, merg acolo unde fluxul este mai mare. Acest flux este determinat de atenție și de valoarea socială, motiv pentru care hârtia igienică se vinde mai mult decât cărțile. Cu toate acestea, a spune că hârtia igienică este mai importantă decât cărțile ar fi absurd. Acesta este motivul pentru care logica și popularitatea nu coincid întotdeauna cu valoarea reală, iar valoarea nu reflectă întotdeauna obiectivele financiare. Este mai probabil să te îmbogățești rezolvând probleme pe care oamenii vor să le rezolve decât scriind cărți pe care nimeni nu vrea să le citească, chiar dacă acele cărți oferă răspunsurile de care oamenii au nevoie.

Acesta este motivul pentru care bogăția nu este corelată cu iluminarea spirituală. Când cineva mă întreabă câți bani fac vânzând cărți spirituale, pornește de la o perspectivă greșită și îmi arată cât de ignorant este cu privire la realitate, bani și spiritualitate. De fapt, nu veți ajunge la mulți oameni cu subiecte spirituale decât dacă sunt predestinați să le învețe, ceea ce înseamnă că au atins deja un anumit nivel de conştiinţă care îi face pregătiţi pentru aceste subiecte. Astfel, ideea că atunci când studentul este pregătit, maestrul va apărea este la fel de valabilă pentru cărţi ca şi pentru terapie, deoarece cei care caută un terapeut au decenţa de a recunoaşte că au probleme de rezolvat, în timp ce cei care sunt prea nebuni pentru a fi conştienţi de sine nu vor face niciodată acest lucru. La fel cum cei care nu citesc sunt cei care au cea mai mare nevoie de lectură, cei care cred că nu au nevoie de terapie sunt cei care au cea mai mare nevoie de ea.

Problema este că alegerile pe care le facem conduc la lumea prin care trebuie să trecem cu toţii, pe care o experimentăm şi pe care o numim realitate. Astfel, suntem prinşi într-o societate de oameni incompetenţi, iraţionali, care acţionează din instinct, precum animalele sălbatice. O societate în care toată lumea vrea să plătească pentru bucăţele de hârtie ca să se şteargă la fund, dar nimeni nu vrea o bucată de hârtie ca să-şi şteargă creierul de rahatul care se află în el şi care pute, pentru că nu pot vedea cât de urât şi murdar este. Totuşi, adevărul este că rasiştii, naţionaliştii şi xenofobii probabil nu au învăţat nimic la lecţiile de istorie şi au nevoie de multă educaţie. Cei nepoliticoşi, şoviniştii şi narcisiştii au nevoie de multă terapie pentru că nu ştiu nimic despre ei înşişi. Iar restul, care nici măcar nu pot fi clasificaţi, sunt atât de pierduţi încât probabil vor trebui să treacă prin moarte pentru a învăţa ceva util, pentru că nu vor înţelege nimic despre spiritualitate, chiar dacă vor încerca.

Când Buddha, acum mai bine de două mii de ani, a spus că trebuie să practici detaşarea prin meditaţie pentru a depăşi durerea, el nu spunea că trebuie să fii apatic faţă de ea, ci că trebuie să te cunoşti pe tine însuţi pentru a şti cum îţi provoci propria suferinţă. Această practică necesită introspecţie, iar meditaţia era modul în care oamenii făceau acest lucru în trecut. În zilele noastre, avem multe alte metode care permit acest lucru, dar mulţi oameni încă refuză să le folosească. Totuşi, dacă mai mulţi oameni ar fi conştienţi de cât de proşti sunt, probabil că ar simţi nevoia să citească mai mult.

Cu toate acestea, cei foarte ignoranţi nu au conştiinţă de sine, motiv pentru care nu fac nimic în această privinţă. Între timp, viaţa aşa cum este nu le oferă suficientă presiune pentru a simţi nevoia să înveţe şi să investească în propria educaţie, chiar şi atunci când sunt absorbiţi de diverse presiuni şi suferinţe. Ca urmare, nu le place să plătească pentru cărţi, dar nu au nicio problemă să plătească pentru sticle de apă, adesea umplute cu aceeaşi apă din bucătărie. De asemenea, susţin că nu au bani pentru mâncare, dar cheltuiesc puţinul pe care îl au pe lucruri frivole. De fapt, oamenii se preocupă prea mult de preţul cărnii şi nu suficient de preţul fructelor, pentru că nu mănâncă cum trebuie. Poate că acesta este unul dintre cele mai mari semne că animalele, cel puţin, sunt mai inteligente cu privire la sănătatea lor. Este nevoie de un anumit nivel de conştientizare pentru a realiza importanţa acestor lucruri, iar mulţi oameni sunt foarte pierduţi. Cu toate acestea, ei cred că motivaţia le va rezolva problemele, ca şi cum un nebun cu determinare este mai bun decât un prost fără niciuna.

În această privinţă, psihopatul are un avantaj, pentru că cel puţin el recunoaşte că cunoştinţele îi oferă un avantaj faţă de ceilalţi. Problema psihopatului este că nu este foarte bun la consecvenţă, aşa că caută scurtături. Nevoia de răspunsuri scurte este o tendință psihopată în societatea noastră, pentru că doar o persoană sănătoasă va căuta să înțeleagă mai profund, nu doar să obțină soluții rapide la viață și să aibă un avantaj față de ceilalți. Cu cât o persoană este mai bolnavă psihic, cu atât este mai puțin capabilă să asimileze puncte de vedere diferite. Acesta este motivul pentru care nu doresc să facă efortul de a empatiza și de a înțelege diferite puncte de vedere, cum ar fi să citească mult.

De fapt, este logic ca mulți antreprenori să angajeze psihopați pentru a-și conduce companiile, deoarece doresc să obțină profituri mai mari în mai puțin timp. Cu toate acestea, de asemenea, nu este surprinzător atunci când aceiași psihopați își falimentează companiile după ce le-au ajutat să facă profit. Credem că aceste lucruri se întâmplă din cauza fluctuațiilor economice și ale pieței, dar nu facem legătura între cele două elemente: psihopații și fluctuațiile pieței. Cu toate acestea, viitorul unei companii, la fel ca cel al unei țări, poate fi prezis cu exactitate pe baza caracterului oamenilor care iau cele mai importante decizii.

Capitolul 17 - Izolarea celor dezvoltați

Cea mai mare problemă, adesea invizibilă pentru cei care pot gândi, dar nu înțeleg această lume, este că ea este condusă, în cea mai mare parte, de psihopați și retardați. Cei care sunt normali și trăiesc o existență organizată și previzibilă sunt confruntați în permanență cu o gelozie ascunsă în spatele unor justificări care adesea nu au nicio legătură cu faptele. În această lume, cei mai compasivi, atenți, empatici și inteligenți oameni sunt considerați slabi, naivi și împinși constant de restul societății ca și cum ar fi inferiori, ineficienți și chiar inutili. Opusul este adevărat, dar nu te poți aștepta ca atât psihopații, care nu pot manipula și controla aceste persoane, cât și marile mase de oameni retardați mintal, care pun preț pe emoțiile lor în detrimentul rezultatelor, chiar și atunci când aceste rezultate le afectează propria supraviețuire, să vadă aceste lucruri.

Singura cale pentru cei mai evoluați decât restul speciei umane va fi aceeași cu care s-au confruntat în ultimul milion de ani: să își părăsească tribul (care este un alt cuvânt pentru familie și cultură) și să experimenteze singurătatea, începând o nouă viață cu o familie sau pe cont propriu.

Punctul comun în toate aceste poveşti este reciprocitatea, deoarece o credinţă este eficientă doar dacă există reciprocitate. Dacă ai cunoştinţe, credinţe şi o conştiinţă a vieţii avansate, dar nu eşti acceptat, nu ai reciprocitate, indiferent cât de corect ai fi, şi asta te izolează. Aceasta a fost problema cu care s-au confruntat mari inventatori precum Nikola Tesla. În esenţă, Tesla nu a fost bun la comunicarea empatică pentru că nu s-a concentrat asupra ei. Concentrarea sa era mult mai evoluată, deoarece privea spre viitor, nu spre nevoile emoţionale ale celorlalţi. Ca urmare, a murit singur într-o cameră de hotel, având ca prieteni doar porumbeii, urmărind cum lumea se schimbă sub ochii săi prin invenţiile sale, fără ca numele său să fie recunoscut. Ce existenţă tristă, dar şi foarte demonstrativă pentru tipul de lume pe care îl avem. Tesla nu era ignorant; era doar foarte avansat pentru epoca sa.

Într-o lume a proştilor, tiranii şi dictatorii au mai multe şanse de a fi recunoscuţi şi respectaţi, motiv pentru care atât de mulţi psihopaţi au profitat de această prostie în masă pentru a conduce lumea spre mai multă ignoranţă, abuzuri şi războaie care au ucis milioane de oameni. Invenţiile lui Nikola Tesla ar fi putut provoca o mare revoluţie în lume, dar au însemnat sfârşitul profiturilor din petrol, gaz şi electricitate. Aceasta ar fi o lume nouă a egalităţii de şanse, în care bancherii care au sponsorizat noile invenţii nu şi-ar mai spori averea şi nimeni nu ar mai putea controla aprovizionarea cu energie. Această lume s-ar dezvolta extrem de rapid, deoarece nu am mai avea una sau două naţiuni care să le domine pe toate celelalte, ci o planetă întreagă care să contribuie la acelaşi progres. Oamenii nu ar mai fi atât de obsedaţi de satisfacerea nevoilor lor de bază de hrană și apă, ci ar investi în educația lor și în progresul planetei.

Într-o astfel de lume, ierarhiile nu ar mai putea exista, deoarece s-ar dovedi inutile. Prin urmare, psihopații, mânați de lăcomie, s-au asigurat că o astfel de lume nu va exista niciodată și, de atunci, au ținut departe de oamenii obișnuiți orice licărire a unei astfel de realități. Nu pot exista războaie decât dacă oamenii sunt prea proști pentru a realiza de ce au loc și cine beneficiază de pe urma lor, iar acesta este cazul general. Acesta a fost cazul în trecut și este cazul și astăzi, după cum arată războaiele recente.

De exemplu, oamenii nu realizează că Statele Unite au finanțat și antrenat organizații teroriste, precum ISIS și alte grupuri extremiste, pentru a ajuta în războiul capitalist împotriva guvernelor care se opuneau intereselor americane și europene. Când Statele Unite au decis că este mai profitabil să finanțeze ambele părți ale conflictelor, au decis să își trimită proprii soldați să moară, deoarece o viață umană a devenit prea ieftină în comparație cu miliardele care puteau fi obținute din comerțul cu arme. Masele, care au fost spălate pe creier de ceea ce citesc și văd, cred că există un război împotriva terorismului, când de fapt ceea ce se întâmplă este distrugerea completă a Orientului Mijlociu și transformarea națiunilor democratice în tiranii absolute în favoarea idealurilor europene și nord-americane. Victimele sărace și fără adăpost ale acestor războaie trebuie să caute azil în națiuni care le tratează cu dispreț și rasism absolut, în timp ce câștigă un salariu, adesea sub media populației din acele națiuni, doar pentru a rămâne în viață.

Atunci când Rusia a decis să se apere împotriva unei invazii iminente a SUA prin Ucraina, masele au ales încă o dată să fie proaste şi au cerut să se pună capăt acestui război, deşi nu au făcut niciodată acest lucru în niciunul dintre cele peste 30 de războaie întreprinse de SUA şi NATO fără alt motiv decât propria lor lăcomie. Ca şi cum nu ar fi fost suficient, masele au dovedit încă o dată cât de uşor pot viza şi discrimina un grup de oameni atunci când psihopaţii de la putere le spun acest lucru, urându-i pe ruşi pentru naţionalitatea lor.

Capitolul 18: Motorul tăcut al războaielor și prejudecăților

Ne-am întrebat în trecut cum se întorc oamenii împotriva unor națiuni și grupuri întregi și am văzut cum întreaga lume s-a întors împotriva rușilor pentru naționalitatea lor atunci când Rusia a invadat Ucraina în 2022. Dintr-o dată, rușii nu au mai putut retrage bani din conturile lor bancare pentru că s-au născut în țara greșită. Am văzut același lucru când Israelul a invadat Gaza în 2023, iar oamenii au considerat că uciderea a mii de copii este justificată din motive politice. Mi-am dat seama, vorbind cu oameni din diferite națiuni despre problemele lumii și despre numeroasele conflicte la care încă suntem martori, că ei nu au nicio idee de ce lucrurile se întâmplă așa cum se întâmplă. Adesea își aduc propriile emoții și nevoi personale în conversație, ca și cum ar fi un argument pentru a găsi o logică în convingerile lor.

Americanii și britanicii fac același lucru, motiv pentru care nu protestează împotriva războaielor din Orientul Mijlociu, unde mor oameni de altă culoare și religie. Ei protestează împotriva războaielor din Ucraina pentru că acești oameni seamănă mai mult cu ceea ce ei ar putea considera o ființă umană normală: albi și creștini. Rasismul este foarte viu astăzi pentru că este o caracteristică a celor proști, iar rasismul justifică multe războaie pentru că este motivat de emoții personale, adesea înrădăcinate într-o imagine de sine iluzorie și o ignoranță absolută a istoriei și științei. Deși nu o spun deschis, principalul motiv pentru care aprobă unele războaie și nu altele este întotdeauna motivat de viziunea lor emoțională asupra lumii.

Același lucru este valabil și pentru alegerea partenerilor de viață, deoarece oamenii fac sex cu persoane care arată diferit de ei pentru distracție, dar iau în considerare doar pe cineva care arată ca ei pentru a întemeia o familie. Mi-am dat seama că cuplurile interrasiale sunt rare pentru că oamenii nu văd dragostea ca pe o prioritate, ci mai degrabă ca pe rezultatul unei combinații de alte elemente care au eșuat în viața lor. Ei se vor căsători cu cineva la care nu s-au gândit niciodată dacă alternativa este să fie singuri. Din nou, aceasta este o decizie luată din dorințe egoiste, nu din dragoste.

Nu mă aștept ca mulți dintre acești oameni să recunoască acest lucru, și cu siguranță există întotdeauna excepții, dar există avantaje în a avea abilități telepatice care depășesc ceea ce mulți de pe această planetă sunt dispuși să recunoască despre ei înșiși și despre lumea lor. De fapt, este ridicol să consideri un paradis pe Pământ dacă nu ești dispus să îți împărtășești gândurile. Cu cât ai mai multe de ascuns, cu atât mai puțin poți fi văzut ca o persoană pregătită pentru o tranziție semnificativă care nu înseamnă să te întorci aici și să o iei de la capăt. Când poți citi oamenii așa cum sunt, îți dai seama cât de mult se împotrivesc propriei lor sincerități. Ei fac acest lucru pentru că a părea o persoană bună este mai important pentru ei decât a fi cu adevărat o persoană bună. Acesta este motivul pentru care mulți oameni nu vor recunoaște că sunt rasiști, chiar dacă fac comentarii și remarci rasiste tot timpul.

Îmi amintesc de o prietenă care obișnuia să le spună oamenilor că este vegetariană, dar nu putea sta o zi fără să mănânce carne. Ea s-a înfuriat când am decis să nu mai mănânc carne. Dacă ești o persoană etică, atunci când mincinoșii nu-și pot recunoaște minciunile, este de datoria ta să-i demasti ca mincinoși, indiferent cât de mult protestează și te numesc mincinos pentru că le demasti minciunile. Mai mult, este de așteptat și destul de ironic să fiți acuzat că faceți ceea ce fac mincinoșii, pentru că așa reacționează ei când sunt demascați.

Nu există un context mai bun pentru a judeca comportamentul și valorile oamenilor decât atunci când aceștia își aleg un partener. Atunci iese la suprafață o mare parte din adevărata lor natură. De fapt, motivul pentru care multor oameni le este dificil să găsească un partener de viață bun este că nu se gândesc la această dinamică sau chiar la modul în care își aplică propriile iluzii în comportamentul lor. Adevărul este că atât femeile, cât și bărbații caută o anumită reciprocitate atunci când își caută un partener de viață, indiferent dacă sunt heterosexuali sau nu, și indiferent de interesele lor sexuale. Există chiar bărbați care cred că se pot căsători cu o femeie virtuală și vor muri pentru ea dacă se potrivește cu ceea ce au ei nevoie.

Când vine vorba de oameni, această reciprocitate tinde să fie mai complexă și include contactul vizual, comunicarea non-verbală, zâmbetele și întrebările. Va dura mult timp până când oamenii își vor da seama de acest lucru, mai ales dacă ei cred că inteligența artificială le poate înlocui nevoia de validare atunci când au iluzii despre ei înșiși și nici măcar nu se cunosc atât de bine. Rețineți că o persoană interesată va pune întrebări, iar dacă cineva este prea tăcut, probabil că nu este atent. Cu toate acestea, există o diferență între a fi politicos și a fi sincer. O mașină AI nu va fi atât de sinceră încât să provoace conflicte. Dar un prieten bun ar trebui.

Capitolul 19: Forțele iraționale care ne modelează lumea

Nevoia de reciprocitate și validare socială începe atunci când există o conștientizare a anumitor aspecte care corespund intereselor sau nevoilor personale. Cu toate acestea, fără conștiința de sine, reciprocitatea poate duce la o iluzie mai mare despre sine, așa cum se întâmplă atunci când oamenii se asociază cu cei care le spun ceea ce vor să audă, mai degrabă decât adevărul. Pentru bărbați, aceste nevoi tind să fie asociate cu validarea socială și atracția fizică, motiv pentru care ar putea fi interesați de o femeie cu un caracter rău dacă este bine îmbrăcată și suficient de feminină. Pentru femei, validarea este, de asemenea, asociată cu aspectele fizice și sociale, dar în acest caz nu este atribuită atât de mult sexului, ci venitului și poziției sociale a bărbatului, cu alte cuvinte, cantității de putere implicită sau explicită pe care o are.

Puterea implicită poate fi legată de influența socială și de finanțe, în timp ce puterea explicită este deținerea efectivă a unei poziții care conferă automat putere. Femeile sunt automat atrase de acești bărbați din motive evidente la care nici măcar nu se gândesc, chiar dacă acesta este un impuls biologic care există de mii de ani. Într-un aspect mai primitiv al acestei realități, este evident că acești bărbați sunt mai predispuși să-i domine și să-i copleșească pe ceilalți. Ei nu sunt neapărat cei mai empatici, motiv pentru care femeile susțin că sunt abuzate în relațiile lor, chiar dacă empatia nu a fost niciodată un criteriu în alegerea unui partener.

Bărbații care sunt împinși în poziții de putere și control tind să fie psihopați, dar femeile nu pot vedea lucrurile astfel, motiv pentru care multe spun că toți bărbații sunt la fel. Când le-am cerut femeilor care spun că toți bărbații sunt egali să îmi descrie acești bărbați, ele au menționat un procent foarte mic din societate, inclusiv bărbați pe care îi întâlnesc rar și bărbați cu care nici nu m-aș gândi să lucrez sau pe care nu i-aș avea ca prieteni. În esență, majoritatea femeilor sunt atrase de psihopați deoarece aceștia declanșează mai multe mecanisme de atracție. În consecință, majoritatea femeilor se reproduc cu procentul cel mai scăzut al spectrului masculin, iar acolo se află psihopații. Ironia este că, cu cât o femeie se simte mai nesigură, cu atât este mai probabil să fie atrasă de un bărbat dominant, de obicei un psihopat. Prin urmare, atunci când vorbim despre violența domestică sau despre faptul că femeile sunt supuse bărbaților foarte posesivi, nu vorbim cu adevărat despre inegalitate sau despre un război între sexe, ci mai degrabă despre o problemă foarte specifică.

Femeile nesigure sunt atrase de bărbații posesivi și dominanți, care, la rândul lor, sunt mai predispuși la violență și abuz psihologic, tocmai pentru că au nevoie să îi domine pe alții cu forța pentru a se simți validați. În acest fel, distrugem o întreagă societate pentru că femeile sunt prea emoționale în alegerile lor și aleg cei mai violenţi bărbaţi, precum şi aleg bărbaţi fără empatie. Când spunem că lumea continuă să repete aceleaşi lupte, nu recunoaştem că acest lucru se datorează faptului că oamenii continuă să facă aceleaşi alegeri şi să se reproducă din aceleaşi motive, perpetuând acelaşi tip de gene.

În plus, educaţia, în diferitele sale forme, consolidează credinţele populare din motive comerciale. Este interesant de observat, de exemplu, cum poveştile de dragoste, de la cele spuse copiilor până la cele promovate în romanele pentru adulţi, sunt întotdeauna despre bărbaţi puternici - prinţi, regi şi oameni de afaceri - care cuceresc cea mai naivă, singuratică femeie plină de vise. Independenţa tot mai mare a femeilor a schimbat această dinamică? Statisticile arată că femeile divorţează din ce în ce mai des şi sunt mai susceptibile de a fi singure, crescând copii cu bărbaţi diferiţi pentru exact aceleaşi valori şi motive. Faptul că nu abordăm aceste probleme ne poate face mai toleranţi, dar faptul că nu judecăm ceea ce se întâmplă pe baza datelor cunoscute nu va schimba rezultatele.

În esenţă, indiferent de problemă, vedem că dinamica lumii s-a schimbat pentru a se potrivi nevoilor emoţionale ale oamenilor, nu pentru că are sens. Atunci când oamenii spun că dragostea este mai importantă decât raţiunea, ei spun literalmente că motivele iraţionale bazate pe emoţii înrădăcinate în ipoteze iluzorii au mai mult sens pentru ei. Oamenilor nu le pasă de logică sau de raţiune, ei îndoaie toate regulile şi schimbă toate legile pentru a se potrivi nevoilor lor emoţionale. Acesta este motivul pentru care există atât de multe legi pentru cele mai ridicole scenarii. Pe măsură ce societatea devine mai anormală şi mai bolnavă mintal, numărul legilor va creşte, dar nu şi ordinea. Legile vor alunga pur şi simplu haosul, care va continua să se răspândească în întreaga lume. Deşi există o modalitate de a organiza societatea în mod natural, există multe modalităţi de a experimenta haosul şi nu există nicio limită la numărul de legi pe care le putem crea pentru a consolida o ordine care nu va fi niciodată înţeleasă sau acceptată.

Capitolul 20: Rădăcinile psihopatice ale războiului și conflictelor

Cei care nu pot trăi în această lume haotică sunt conduși spre izolare și extincție, motiv pentru care rata sinuciderilor în rândul bărbaților de vârstă mijlocie continuă să crească și este de patru ori mai mare decât cea a femeilor. Nimănui nu-i pasă de acești bărbați. Femeilor cu siguranță nu le pasă, pentru că i-au exclus din criteriile lor de selecție a partenerilor. Nici psihopaților nu le pasă, pentru că probabil au abuzat de ei. Psihopații domină prin forță și sunt lacomi. Singura speranță pentru acești bărbați se află în ei înșiși, în izolarea lor, motiv pentru care atât de mulți bărbați de peste 40 de ani nu se căsătoresc niciodată și nu au copii.

Ajungem la un alt paradox: dacă nu îți place societatea așa cum este, tot trebuie să o studiezi și să o asimilezi dacă vrei să supraviețuiești, să depășești bolile psihice și să reușești. Poate că nu veți fi niciodată de acord cu ceea ce gândesc și fac psihopații, dar tot trebuie să-i studiați. Trebuie să știți cum văd ei lumea și care sunt planurile lor pentru a găsi o cale de ieșire din haos. Nu putem ignora nici violența cauzată de psihopați în această lume. Într-o lume plină de psihopați, conflictele apar în viața de zi cu zi și vor ajunge la noi dacă pur și simplu cerem să fim respectați, pentru că psihopații lipsesc de respect tot timpul. Ei văd politețea ca pe o slăbiciune și, prin urmare, ajung să contribuie la această lume.

În țări precum Grecia, Portugalia, Spania, Polonia și Lituania, există atât de mulți psihopați încât ajungem să ne certăm pentru cele mai simple lucruri, deoarece oamenii din aceste țări sunt extrem de lipsiți de respect. Lipsa de respect este atât de frecventă în aceste locuri, încât îți vor spune că face parte din cultura lor. În lumea lor, nu există loc pentru acorduri sau coexistență pașnică. Pentru ei, ești fie prădător, fie pradă. Psihopații au o viziune binară asupra realității. Unele dintre afirmațiile lor sunt foarte revelatoare pentru modul lor de gândire, cum ar fi: „Dacă ești de acord cu ceea ce spun, este pentru că ești prea slab pentru a avea o opinie proprie". Cu alte cuvinte, ei nu pot vedea acordurile ca pe două persoane care gândesc împreună pentru a obține cel mai bun rezultat, ci ca pe o persoană care o domină pe cealaltă cu propriul punct de vedere. Acesta este motivul pentru care este inutil să încerci să explici logica unui psihopat. Nu le pasă de logică, ci doar de dominare, iar dominația poate veni prin forță dacă își dau seama că ești prea slab pentru a-i face rău sau prea politicos pentru a nu fi de acord. Acesta este motivul pentru care personalitățile agreabile sunt mai susceptibile de a suferi abuzuri emoționale. Pentru psihopați, nu există bun simț, fapte sau logică, ci doar opinii câștigătoare și pierzătoare.

Această dominanță este adesea folosită de femeile psihopatice în public, deoarece știu că mulți alți oameni sunt suficient de proști pentru a interveni în apărarea lor. De asemenea, se folosesc de alți bărbați împotriva unei persoane care este adesea victima unui abuz psihologic. Folosind violența altor bărbați, o femeie psihopată se poate întoarce apoi împotriva țintei sale. În unele cazuri, femeile psihopate folosesc chiar violența fizică în fața altor persoane, știind că societatea va interveni împotriva unui bărbat care reacționează în apărarea lor.

Deși acest subiect nu a fost suficient studiat, nu este neobișnuit ca multe războaie să nu fi fost declanșate de fapt de regi împotriva regilor, ci de regine. În multe culturi, se spune că în spatele unui bărbat puternic se află o femeie puternică, dar acesta este un mod de a raționaliza o trăsătură psihopată din lume. Este mai corect să spunem că în spatele unui bărbat foarte emoțional, puternic și plăcut, există cu siguranță o femeie psihopată. Acești bărbați sunt de obicei controlați de femei psihopate și ambii sunt atrași unul de celălalt din motivele deja menționate, deoarece un bărbat foarte reactiv este în esență un bărbat foarte emoțional. Într-o lume dominată de psihopați, este normal ca majoritatea femeilor să se simtă nesigure și, prin urmare, să caute bărbați care să le facă să se simtă în siguranță.

Deși sunt multe dezbateri și cercetări despre atracție, ne întoarcem mereu la aceleași puncte: Femeile sunt interesate de bărbații bine îmbrăcați și puternici deoarece aceștia reprezintă fiabilitate, validare socială și siguranță. De asemenea, ele inițiază conversații cu bărbați pe care îi consideră a avea o valoare socială ridicată, deoarece acești bărbați au trecut testul validării. Se spune că femeile nu abordează niciodată bărbații de care sunt interesate, dar acest lucru este spus de femei care mint și de bărbați care nu au experimentat niciodată puterea. Femeile m-au abordat întotdeauna și mi-au dat numărul lor de telefon atunci când eram văzut ca o persoană cu o valoare socială ridicată, adică atunci când călătoream, vorbeam în public, eram bine îmbrăcat în costum sau eram popular printre mulți oameni. De fapt, când am locuit în Statele Unite, femeile americane mă abordau adesea din cauza felului în care mă îmbrăcam. Am întâlnit zeci dintre ele în doar câteva săptămâni și, în fiecare caz, ele au fost cele care au început conversația.

Capitolul 21 – Interesele personale și viitorul planetei

Am observat o corelație între comportamentul de selecție a partenerului și inteligența atât la bărbați, cât și la femei. În cazul femeilor, de exemplu, atunci când sunt mai puțin inteligente, ele își percep nevoia de securitate nu prin valoarea unui bărbat pentru societate, ci prin forța sa fizică. Acest lucru ar fi ca și cum un bărbat s-ar întoarce în timp și ar încerca să flirteze cu o femeie medievală care lucrează la câmp, pentru că ea ar fi în mod clar mai interesată de un bărbat care știe să folosească o sabie și să călărească un cal decât de unul care citește cărți. Cititul cărților nu are nicio valoare într-o lume în care dominația este determinată de forța fizică și de capacitatea de a ucide. În națiunile sărace ale Europei, aceste caracteristici încă prevalează, deoarece femeile tind să prefere bărbații puternici și înalți, nu cei mai inteligenți.

În esență, femeile caută siguranță, pe care o găsesc în cuceriri monetare, atribute fizice sau calități mentale. Cu toate acestea, aceste lucruri variază în funcție de regiune, motiv pentru care unii bărbați pot fi invizibili în anumite culturi și foarte atractivi în altele. Dacă inteligența este o caracteristică irelevantă, este pentru că acea cultură este prea primitivă pentru a o valoriza, iar în țările primitive, forța și aspectul au întâietate în dinamica socială. Acesta este motivul pentru care lituanienii sunt extrem de rasiști și xenofobi. Poate că oamenilor nu le plac cei care expun sau recunosc aceste adevăruri, dar acest lucru se datorează faptului că emoțiile lor au întâietate asupra autoreflecției.

Maselor nu le place să se analizeze pentru că sunt incapabile să facă acest lucru. Acesta este același motiv pentru care mulți lituanieni de origine rusă susțin că îi urăsc pe ruși, sau pentru care spaniolii susțin că nu îi plac pe arabi, dar ei înșiși sunt de origine arabă, sau pentru care croații și grecii sunt rasiști împotriva turcilor, chiar dacă au făcut parte din Turcia în timpul Imperiului Otoman timp de aproape o mie de ani. Aceștia sunt aceiași oameni care se urăsc între ei. Cu cât o civilizație este mai primitivă, cu atât este mai probabil să evite autoreflecția asupra propriului comportament și chiar asupra originilor sale. Interacțiunile sunt conduse de instinct, bazate pe reacții iraționale, mai degrabă decât de bunul simț.

Nu există bun simț în zonele dominate de oameni proști. Cu toate acestea, puteți înțelege cu ușurință cum gândesc și cum se comportă oamenii prin organizarea de evenimente sociale, lucru pe care l-am făcut de multe ori și timp de mulți ani în cele peste treizeci de țări în care am locuit. În timp, veți vedea ce tipuri de oameni sunt atrași de interacțiunile sociale și de ce, precum și ce tipuri de evenimente îi atrag cel mai mult. Pe măsură ce veți continua să faceți aceste asocieri prin observație, veți descoperi că majoritatea oamenilor s-ar putea să nu empatizeze cu dumneavoastră, dar cei care o fac vă vor deveni noi prieteni. Adesea, motivele pentru care cineva vrea sau nu vrea să vă fie prieten sunt complet absurde şi se pot schimba în câteva minute.

De exemplu, europenii, nord-americanii şi britanicii sunt de obicei egoişti şi motivaţi de interese personale, astfel încât pot ignora o persoană pe care o consideră lipsită de valoare şi apoi să înceapă să-i zâmbească şi s-o invite la cină atunci când vor ceva de la ea. Acest lucru a devenit foarte evident pentru mine atunci când au aflat că am călătorit mult sau că sunt scriitor. Acest lucru nu se întâmplă la fel de mult cu sud-americanii, africanii şi asiaticii, deoarece aceştia sunt mai interesaţi să îşi facă prieteni pe baza unor conversaţii despre subiecte care interesează ambele părţi, ceea ce, de fapt, are mult mai mult sens din punct de vedere uman. De aceea spun adesea că viitorul planetei nu se află în Europa sau America de Nord, pentru că nu poate fi dezvoltat dacă oamenilor le pasă doar de propriile interese personale, sunt cruzi cu ceilalţi şi discriminează pe baza aparenţelor şi a propriilor opinii sau a ceea ce le pot oferi alţii. Acesta este un fel de mentalitate de sclav şi stăpân de sclavi, între colonişti şi colonizaţi, care nu mai are sens, dar care este predominantă în multe culturi.

Dacă puteţi vedea aceste lucruri, desigur că ceilalţi vă vor găsi derutant, pentru că nu vor înţelege pe cineva care le tulbură viziunea organizată asupra lumii. Dacă le atrageţi atenţia asupra comportamentului lor, vor crede că sunteţi nebun, pentru că ei nu văd nimic greşit în asta. Dacă trăsăturile culturale sunt prea intrinseci în viziunea unei persoane despre sine, aceasta nu le va considera greşite, deoarece creează un conflict în imaginea de sine. Acesta este motivul pentru care rasiştii se simt jigniţi când le spunem rasişti, chiar dacă acţionează în conformitate cu stereotipurile rasiste. Acesta este motivul pentru care oamenii sunt loviți și împușcați, iar țările intră în război.

Acesta este motivul pentru care perspectiva mea asupra războiului este foarte diferită de cea a majorității oamenilor. Mi-am dat seama că conflictul este inevitabil, că rasismul nu poate fi învins prin rațiune și că discriminarea bazată pe aspecte primitive nu are sens dacă vrem să evoluăm dincolo de un stadiu de schizofrenie în masă, motiv pentru care războiul împotriva celor mai distructive elemente din societate este întotdeauna justificat. Problema este să identifici care sunt aceste elemente și cum să le găsești, iar asta este o altă provocare în această lume, pentru că adesea ținta aleasă și identificată ca inamic este greșită. Dar asta înseamnă de fapt nebunia și ignoranța: țintirea unor ținte greșite din cauza lipsei de înțelepciune, percepție și claritate mentală. Atunci când oamenii sunt profund nebuni, ei îi ucid pe cei nevinovați.

Capitolul 22: Eliberarea de normele culturale și evoluția conștiinței tale

Nu ești suficient de evoluat până când nu te poți distanța de propria poziție în societate și să te identifici ca dușman al maselor, cu lumina rațiunii și a progresului. Este nevoie de un suflet foarte evoluat pentru a putea face o analiză internă și a separa biologia și spiritul în procesul de identificare a problemelor. De aceea îi critic atât de mult pe europeni, chiar dacă sunt unul dintre ei și, evident, nu-mi compar cititorii europeni cu restul continentului. Această distincție este inevitabilă dacă vrem să progresăm ca ființe umane. De asemenea, este normal ca, la cele mai înalte niveluri ale acestui progres, să încetezi să mai vezi separarea ca pe ceva care vine de jos - steaguri, teritorii și culori - și să începi să o vezi de sus - conștiință, evoluția percepțiilor și a cunoștințelor. Numai atunci poți spera la o lume mai bună. Până la atingerea acestui nivel, muzeele noastre vor fi doar o altă perspectivă a aceluiași lucru, legate de trecut, dar reprezentând un prezent paralel.

Ultimul lucru pe care societatea și-l dorește este haosul, deoarece acesta tulbură sistemul de credințe asupra căruia toată lumea este de acord. Cu toate acestea, ca lider al propriei tale vieți, vei deveni întotdeauna un element perturbator în societate, ceea ce te va face imprevizibil și, prin urmare, considerat periculos. Oamenii se furișează mereu pe lângă mine când scriu pentru că mă consideră imprevizibilă. Nu mă înțeleg sau nu înțeleg ce fac. Pur și simplu mă văd ca pe o amenințare și, pentru că sunt conduși mai degrabă de emoții decât de rațiune, încearcă să găsească motive pentru a-și justifica propriile emoții. Ei sunt fundamental nebuni, dar nu pot vedea acest lucru, iar aceasta este o altă problemă cu care te vei confrunta ca element perturbator în societate. Veți descoperi că oamenii sunt complet nebuni, justificându-și mereu emoțiile iraționale și nefiind capabili să vadă asta. Așa că vei fi nevoit să te separi de mulți oameni care vor crede că ești crud, pentru că nu pot vedea că pur și simplu îi lași să plece pe cei care sunt deja morți mintal.

Marea majoritate a populației nu este vie, iar atașamentul tău emoțional față de ei este o iluzie. Așadar, atunci când suferiți de dezamăgire și trădare, suferiți de fapt de dezintegrarea propriilor iluzii în mintea voastră. Cu cât deveniți mai conștienți, cu atât realizați mai mult cât de răi sunt oamenii, deoarece răul este legat de inconștiență. Cu această realizare, vezi că nu ai niciodată de-a face cu oameni reali, ci cu cadavre conduse de instincte animalice, motivate de un nivel foarte scăzut de energie. Această realizare nu te face o persoană mai rea, chiar dacă alții o văd astfel. Te face mai empatic şi mai realist, pentru că vei fi capabil să vezi ce indivizi se trezesc, iar cu această abilitate vei putea să te conectezi mai repede cu oamenii potriviţi.

Când ai succes în afara curentului majoritar, devii o persoană indezirabilă pentru cei care depind de sistem pentru a supravieţui, dar eşti, de asemenea, foarte admirat de cei care au nevoie de mai mult adevăr şi onestitate în viaţa lor şi te văd ca pe o lumină pe calea lor. Asta înseamnă să fii luminat. Acest lucru este perceput pe perioade scurte de timp şi în funcţie de contextualizarea atitudinii noastre. Acesta a fost cu siguranţă cazul filosofilor antici din Grecia, care s-au gândit la probleme care au fost ignorate şi chiar respinse de majoritatea oamenilor din vremea lor. Dacă ne gândim că mulţi dintre ei au discutat despre fericire, putem vedea că aceasta era o problemă majoră pentru poporul lor, deoarece erau nefericiţi. Mulţi dintre aceşti filosofi au fost expulzaţi din oraşele lor.

În zilele noastre, cel mai discutat subiect sunt banii, deoarece oamenii au descoperit că fericirea nu este suficientă, aşa cum spuneau aceşti filosofi, ci este necesar să ai bun simţ. Filozofii greci erau de acord că dacă ai suficientă mâncare, o casă şi o viaţă normală, ar trebui să fii fericit, dar oamenii nu mai văd lucrurile aşa în zilele noastre. Ei le văd acum ca fiind esenţiale. Înainte nu erau esenţiale, erau rare, motiv pentru care avem tendinţa de a considera importante lucrurile pe care le devalorizăm cel mai mult doar atunci când nu le avem. Credinţele, nevoile şi valorile noastre, precum şi culturile noastre, sunt efemere, imaginare şi ridicole, motiv pentru care pot fi păstrate doar în muzee. Pe măsură ce evoluăm, ne regăsim izolaţi de cultura în care ne-am născut, iar asta este bine, este ceva ce ar trebui să ne dorim, nu să evităm.

Din păcate, mulți oameni au credințe false despre viață și alegerile pe care le fac. Rareori iau în considerare faptul că convingerile lor sunt greșite. A face acest lucru ar însemna că personalitatea lor este greșită. Este un atac la adresa egoului pe care nu vor să îl accepte. Astfel, justificarea rezultatelor devine naturală pentru ei, care văd vina în alții sau un act de criminalitate în ei. Ei fac acest lucru deoarece, pentru ei, a fi diferit înseamnă a greși, iar a greși înseamnă a acționa împotriva legii. Puteți vedea această paralelă de-a lungul istoriei. De exemplu, unii oameni mă urăsc pentru că știu mai puțin decât mine. În loc să presupună că sunt prea ignoranți, ei cred că îmi obțin informațiile de la vreo agenție secretă și că nu ar trebui să știu mai multe decât ei. În trecutul nu foarte îndepărtat, mulți oameni care știau mai multe au fost închiși, torturați și uciși doar pentru că știau mai multe decât majoritatea. Acum, ei sunt discriminați din cauza aceleiași atitudini ca în trecut.

Capitolul 23:
Toxicitatea culturală
și coruperea sinelui

Justificările și explicațiile oamenilor pot varia, dar ele nu evoluează, ceea ce înseamnă că ei pot inventa multe explicații pentru lucrurile pe care nu le înțeleg, dar nu pot accepta nimic care este mai presus de starea lor mentală, cu atât mai puțin să o vadă ca fiind mult inferioară față de ceea ce ar fi de dorit. Acest lucru este evident în multe grupuri care se consideră superioare tuturor celorlalți, fie în politică sau religie. Cu cât oamenii simt mai mult un conflict de interese cu faptele observabile, cu atât mai mult își resping observațiile și cu atât mai puțin caută răspunsuri în interiorul lor, deoarece aceste răspunsuri sunt de obicei neplăcute.

Se întâmplă apoi ca cei care văd cel mai bine adevărul să fie dați la o parte de incapacitatea celorlalți de a accepta ceva care intră în conflict cu opiniile lor egoiste. În multe dintre aceste grupuri, sunt de fapt numit egoist, deoarece dacă oamenii nu te pot face să fii de acord cu ei, ei cred că tu ai o problemă cu egoul, nu ei. Nu este interesant? Oamenii ajung să te insulte cu propriile lor probleme pentru că sunt prea proști să își asculte propriile cuvinte și să identifice cui i se adresează.

Persoana non-arrogantă ascultă și dezbate cu fapte, pentru că este dispusă să-și schimbe părerea atunci când este confruntată cu un adevăr superior. Dar persoana arogantă nu poate face acest lucru și, în schimb, încearcă să tragă în jos acel adevăr superior cu insulte, judecăți iluzorii care nu au nicio asemănare cu realitatea și justificări absurde care ignoră cele mai evidente fapte și bunul simț. Deoarece aroganții sunt aroganți, ei nu pot vedea că sunt aroganți. Acesta este motivul pentru care mulți francmasoni și rosicrucieni, atunci când caută iluminarea, găsesc mai mult întuneric. Cu cât am călătorit mai mult și am interacționat cu mulți dintre ei în diferite țări, cu atât mai mult mi-am dat seama că sunt unii dintre cei mai proști oameni pe care i-am întâlnit vreodată. Nu asociez un grup cu un anumit comportament, ci afirm faptul că mulți oameni care caută iluminarea au găsit mai multă întuneric pentru că nu au capacitatea de a se schimba, iar ritualurile cu siguranță nu îi ajută deloc. Mulți cred că valoarea este cumva un secret care trebuie protejat și nu împărtășit. De aceea pun o mulțime de întrebări, dar nu răspund nimic despre ei înșiși, fără să-și dea seama niciodată de propriile limite.

Atunci când vorbim cinstit, ajungem să înțelegem mai multe despre noi înșine. A vorbi cinstit este un semn de inteligență. Oamenii proști nu pot fi sinceri pentru că ei văd comunicarea ca pe un câmp de luptă. Acest tip de gândire este mai frecvent în rândul națiunilor sărace. Oamenii din aceste națiuni sunt atât de obișnuiți cu penuria încât cred că fericirea este o marfă limitată. Așadar, dacă zâmbești mai mult sau arăți că știi mai multe decât ei, ei văd asta ca pe aroganță și un abuz de putere, ca și cum nu ai avea dreptul să fii cine ești, să fii mândru sau pur și simplu fericit de viață. Dacă doriți să cunoașteți nivelul de evoluție al unei națiuni, puteți folosi acest criteriu, deoarece devine rapid evident că Polonia și Lituania sunt printre cele mai puțin evoluate din lume.

Urmând aceeași credință, mulți oameni își ascund fericirea, ascund ceea ce îi face mândri, cum ar fi relațiile lor sau cunoștințele lor, pentru că nu vor ca ceilalți să știe că se îmbunătățesc. Acest lucru este ridicol, dar foarte comun în rândul persoanelor cu probleme psihice care trăiesc în națiuni și culturi bolnave care promovează bolile psihice. Fără să-și dea seama, nevoia lor de a se integra și de a avea o existență plăcută îi determină să se conformeze idealurilor celor din jurul lor. Ca urmare, în ciuda tuturor cunoștințelor acumulate, ești corupt de cultura în care te afli, precum o plantă care se hrănește cu apă otrăvitoare.

Multe aspecte atribuite unei culturi nu sunt altceva decât tendințe generalizate, cum ar fi atunci când filipinezii presupun că este normal să fie nepoliticoși cu străinii, foarte lenți și extrem de incompetenți la locul de muncă. Dacă te doare stomacul pentru că ți s-a vândut mâncare stricată, ei nu vor considera niciodată că este problema lor, ci a ta. Aceasta este cultura. Vă dați seama că, pe măsură ce sănătatea mintală a oamenilor scade, ei devin din ce în ce mai egocentrici.

Tendința spre egocentrism este, de asemenea, cauza multor cazuri de singurătate în lume. Cu toate acestea, acest efect este prezent și în multe practici terapeutice care, în loc să ajute oamenii, îi bagă și mai mult în această stare inconștientă și egocentrică. De fapt, nu m-am gândit niciodată că un terapeut ar putea determina pe cineva să se sinucidă, până când am descoperit că acest lucru era frecvent în rândul psihologilor lituanieni. O anchetă adecvată i-ar băga pe mulți dintre ei în închisoare, dar mă îndoiesc că vreun guvern ar avea curajul să facă față unui astfel de scandal și să fie cunoscut de restul lumii ca o țară de criminali psihiatrici.

Capitolul 24 – Desființarea paradigmelor false și acceptarea oportunităților

Ne putem uita la întreaga planetă și putem vedea că teama de a înfrunta problemele este la fel de dăunătoare ca și permiterea apariției lor în societate, mai ales atunci când cei în care avem încredere sunt problema: guvernul, terapeuții și sistemul educațional. Îți faci o mare favoare fiind anormal într-o țară în care este normal să fii nebun. În plus, guvernele nu vor împiedica niciodată emigrarea celor mai sănătoși cetățeni dacă se concentrează doar pe situația financiară a țării, fără a lua în considerare și starea culturii. O țară va fi întotdeauna săracă atâta timp cât se concentrează pe nevoile de bază, cum ar fi banii pentru a supraviețui, și nu pe ceea ce conduce la satisfacerea acestor nevoi, cum ar fi onestitatea și compasiunea în rândul poporului său. În general, este mai ușor să ne schimbăm viața și să creăm un nou sistem decât să ne aşteptăm la schimbări într-un alt sistem. Ca urmare, societatea are mai multe şanse să eşueze decât să se schimbe.

Naţiunile devin mai bogate investind în oportunităţi şi în diversitatea perspectivelor individuale şi devin mai sărace încercând să unească pe toată lumea sub aceleaşi valori şi convingeri, mai ales dacă acestea sunt de natură religioasă sau politică. Oportunitatea înseamnă să ai libertatea de a alege, iar această libertate apare doar atunci când te afli într-un mediu bogat, cu interacţiuni de personalităţi, medii, valori etc. diferite. Dacă aplicaţi acest principiu în viaţa personală, veţi constata că vă dezvoltaţi în acelaşi mod: învăţând de la oameni cu medii diferite, de la oameni cu idei diferite şi provocându-vă convingerile cu altele noi. Crescem şi ne schimbăm mai repede atunci când interacţionăm cu oameni care ne fac să ne punem la îndoială valorile şi abia atunci găsim o cale de a fi mai fericiţi decât ne-am gândit până atunci. Ajungi acolo cel mai repede prin intermediul cărţilor, al călătorilor sau devenind un călător.

Pe de altă parte, dacă mergi la un psiholog hotărât să te readucă în matcă, ai mai puţine şanse să îţi realizezi întregul potenţial. Nu ar trebui să ai încredere în cineva doar pentru că are o hârtie care atestă abilităţile sale, academice sau nu. Sistemele nu dovedesc nimic în afară de capacitatea ta de reproducere. În schimb, ar trebui să ştii ce vrei şi apoi să-i cauţi pe cei care te pot ajuta să-ţi atingi obiectivele.

Tot ceea ce se întâmplă în viaţă are o parte dublă, pe care o transcendem observând conexiunile şi lecţiile pe care trebuie să le învăţăm. Numai atunci putem crea noi scenarii, din care vor apărea noi lecţii şi se va forma o nouă identitate bazată pe înţelegerile din trecut, dar aliniată cu obiectivele noastre viitoare. De fapt, una dintre cele mai importante înţelegeri pe care le-am dobândit călătorind în multe ţări este că adesea nu preţuim cele mai simple lucruri, dar acestea pot face o diferenţă uriaşă în ceea ce priveşte modul în care ne simţim şi chiar modul în care ne bucurăm de viaţă. De exemplu, un peisaj frumos este doar o altă zi pentru localnici, dar pentru cineva care îl vede pentru prima dată, este o ocazie de a se simţi binecuvântat că trăieşte. Acest lucru este valabil mai ales în părţi ale lumii în care oamenii sunt nemulţumiţi de existenţa lor pentru că sunt foarte săraci, dar peisajul este totuşi frumos.

De asemenea, este interesant de observat cât de uşor îşi închid oamenii inimile din cauza percepţiilor oamenilor din jurul lor, a lipsei lor de bani şi chiar a călătorilor pe care îi văd, deoarece mulţi dintre aceşti călători se află de fapt în aceste locuri pentru că le consideră accesibile şi suficient de plăcute pentru a justifica schimbarea unui an de muncă pentru o săptămână de vacanţă. În mod similar, este interesant să vedem cum oamenii care primesc un salariu dintr-o ţară mai bogată, dar aleg să trăiască în ţări mai sărace, au o calitate a vieţii mai bună. De fapt, nu văd niciun motiv să trăiesc într-o ţară scumpă, în condiţiile în care multe dintre cele mai frumoase naţiuni ale lumii sunt şi cele mai sărace. Căutăm confortul şi o viaţă plăcută legată de natură, în special în apropierea plajei sau a unei păduri tropicale. În adâncul nostru, găsim mai multă fericire într-o relaţie mai strânsă cu natura. Aceasta este o formă de bogăţie care nu poate fi obţinută într-o naţiune bogată, dar rece, unde vieţile noastre nu sunt altceva decât o rutină de la 9 la 5.

Practic, ne dorim să nu trebuiască să ne facem griji cu privire la bani şi să putem totuşi să trăim unde vrem şi să mâncăm ce vrem, însă aceste caracteristici variază în funcţie de priorităţile noastre şi de ceea ce suntem dispuşi să sacrificăm. Majoritatea oamenilor se înşeală cu privire la ceea ce consideră important, deoarece lucrurile care sunt cu adevărat importante nu sunt cuantificabile. Ele sunt toate relative la oportunităţile pe care le putem profita. Atunci când apar aceste oportunităţi, este o prostie să nu profităm de ele, dar mulţi oameni nu o fac pentru că sunt condiţionaţi de paradigme vechi şi false, de obicei impuse de părinţi şi de societate în general. Se aude frecvent că oamenii bogaţi sunt trişti sau că banii duc la singurătate, dar nu este adevărat. De asemenea, nu este adevărat că ei dispreţuiesc banii sau că nu ar juca jocuri care le dau ideea că se pot îmbogăţi fără efort. Oamenilor le place să îşi spună poveşti care îi ajută să facă faţă rutinelor pe care nu le pot schimba, iar de aici provin credinţele populare.

Capitolul 25: Declinul valorilor sociale și ascensiunea mulțumirii

Majoritatea oamenilor suferă de frustrări care nu sunt în concordanță cu eforturile și convingerile lor. Ceea ce ar trebui să disprețuiască cu adevărat este propria lor ignoranță, care se manifestă în frustrările lor, lipsa banilor fiind cea mai evidentă. În realitate, a avea mai mulți bani le extinde lumea posibilităților, deoarece timpul și cantitatea nu mai sunt o problemă. Poți să cumperi mai mult și mai repede, să călătorești mai mult și să irosești mai mulți bani decât înainte, fără prea multă gândire sau analiză. Nu ai nevoie de mai multe cunoștințe pentru a face mai mulți bani, dar ai nevoie de mai mulți bani pentru a face mai multe greșeli care îți extind cunoștințele despre viață.

Cunoașterea înainte de bani este doar un creator de potențial, dar fără oportunități, acesta se irosește. Cu toate acestea, ceea ce educația instituționalizată oferă oamenilor este o iluzie a potențialului, deoarece limitează oportunitățile individului la o anumită profesie şi la o mulţime de informaţii inutile pe care nu le vor folosi niciodată în viaţa lor. Adevărata educaţie ar trebui să extindă capacitatea individului de a recunoaşte şi de a se adapta la noi oportunităţi, iar acest lucru este posibil numai prin autoeducaţie, adică prin citirea de cărţi în care alţi oameni îşi împărtăşesc propriile experienţe de viaţă, în special autobiografii.

De asemenea, merită menţionat faptul că, dacă un profesor încearcă să promoveze adevărata educaţie într-o şcoală, este imediat ostracizat şi criticat de colegii săi, care au fost condiţionaţi de acelaşi sistem să îl repete şi să nu permită nimănui să se abată de la el. Acesta este motivul pentru care este imposibil să găseşti profesori buni în sistemul de învăţământ. Chiar şi propriii mei elevi m-au criticat adesea pentru că nu foloseam cărţi în clasă sau nu scriam pe tablă. Ei credeau că acest lucru mă face un profesor dezorganizat şi mai puţin capabil. Dar, după cum le-am explicat, cărţile nu sunt adaptate la lumea reală, multe sunt depăşite, iar metodele folosite în cărţi sunt, de asemenea, inferioare celor pe care le pot oferi folosind un computer conectat la internet în clasă. Prin urmare, singura carte suficient de bună pentru mine este cea pe care am creat-o eu însumi pe baza numeroaselor texte pe care le-am dat. Apoi au replicat: „Dar este mai uşor să înveţi cu o carte!"

Le-am răspuns: „Puteţi pune cap la cap toate prelegerile pe care vi le-am dat, pentru că fiecare prelegere este ca un capitol, şi veţi avea o carte." Cu toate acestea, ei nu puteau înţelege legătura dintre predare şi o carte, deoarece credeau că cartea era superioară predării, ca şi cum cartea ar fi fost o Biblie pe care trebuiau să o urmeze cu religiozitate. Motivul pentru care credeau că cartea este importantă era că fuseseră condiţionaţi să vadă cum toţi ceilalţi profesori din viața lor foloseau o carte pentru a preda, fără să pună vreodată la îndoială competența acelor profesori. Ei au presupus că repetarea aceluiași model de lucru îi face competenți. Dimpotrivă, pe mine m-au considerat incompetent, și nu invers, pur și simplu pentru că au crezut că mulți aveau dreptate, iar cel care lucra diferit era greșit. Aceasta este o presupunere comună pe care oamenii o fac de-a lungul vieții lor cu privire la tot ceea ce observă.

Faptul că scriu cărți ar trebui să fie suficient de evident ca o caracteristică care mă diferențiază pozitiv ca vorbitor, pentru că nu poți scrie despre ceea ce a fost deja spus, dar nici măcar ei nu au putut vedea asta. Restul societății nu face această legătură între persoană și cărți în același mod. Mulți oameni care mă întreabă cum să scriu cărți nu au absolut nimic nou de spus. Ei vor doar să se simtă importanți repetând ceea ce alții au publicat deja. Trăim pe o planetă de idioți care repetă aceleași lucruri idioate. Nimeni nu analizează și nu se gândește cu adevărat la toate aceste prostii, iar cei care o fac sunt considerați greșiți de toți ceilalți. Într-o astfel de lume, adevărul este confundat cu opinia. Cu toate acestea, adevărul nu este legat de opinia personală. Doar într-o lume a idioților adevărul este relativ la cantitate, nu la eficacitate.

Oamenii consideră adevărat ceea ce văd cel mai des, nu ceea ce funcționează. De fapt, oamenii rareori se opresc să se gândească la eficiența a ceea ce spun politicienii lor. În schimb, sunt mai predispuși să urmeze ceea ce aud și apoi să dea vina pe politicieni pentru că au permis alegeri democratice, pentru că asta se întâmplă atunci când oamenii dau vina pe politicieni după ce i-au votat, în loc să dea vina pe ei înșiși sau pe cei care sunt prea proști pentru a vota bine.

În trecut, mulţi regi erau aleşi din rândul poporului pe baza trăsăturilor considerate valoroase din personalitatea lor. Acum, oamenii îi votează pe cei care îi fac să creadă în visele lor. În acest proces, societatea şi-a pierdut simţul scopului. Oamenii s-au obişnuit să reproducă ceea ce există deja şi să încerce să rămână aşa cum este, fără nicio schimbare. Într-o astfel de societate, cei care o resping sunt cei mai capabili să evolueze, dar sunt adesea cei mai insultaţi, respinşi şi oprimaţi.

Capitolul 26 - Transcenderea dualităților și stagnarea religiei

Una dintre cele mai frecvente etichete date copiilor care nu pot fi atenți în clasă este ADHD (Attention Deficit Hyperactivity Disorder), care nu este altceva decât un simptom al cuiva care s-a plictisit să fie nevoit să asculte prostii în fiecare zi, în timpul celor mai importanți ani din viața lor, când creierul lor este încă în dezvoltare. ADHD nu este o boală, ci o reacție normală la o încercare de a încălca identitatea unui individ prin suprimarea dezvoltării sale naturale. Nu avem o epidemie de tulburări mintale, ci o creștere uriașă a decalajului dintre dezvoltarea tehnologică (și oportunitățile care vin odată cu ea) și starea mintală a oamenilor acestei lumi, care sunt menținuți în mod deliberat într-o stare perpetuă de retardare de către cei care sunt, de asemenea, în urmă. Aceasta este cauza reală a depresiei și a sinuciderilor în lume. Pentru că atunci când creierul devine incapabil să evolueze dincolo de minciunile asimilate, persoana devine oarbă la schimbările pe care vrea să le vadă.

Una dintre modalitățile de a descoperi aceste schimbări necesare este de a citi cărți, însă majoritatea oamenilor sunt deja prea amorțiți, apatici și nemotivați pentru a citi ceva. Atunci când citesc, încep de obicei cu o carte populară, ușor de digerat, care repetă în mod evident mai multe minciuni, deoarece singurul motiv pentru care o carte devine populară este pentru a consolida convingerile comune. Cea mai rea critică pe care o pot primi ca scriitor este: „Îmi place cartea asta pentru că spune ceea ce am crezut întotdeauna". Această critică este teribilă pentru că, în primul rând, nu spune nimic despre calitatea cărții și, în al doilea rând, scopul unei cărți nu este să îți spună că ai dreptate.

Ar trebui să citești o carte nu pentru a afla dacă ai dreptate sau nu, ca și cum ai da un examen școlar, ci pentru a descoperi lucruri noi, informații care te vor ajuta să iei decizii mai înțelepte. Orice altceva este un gunoi, motiv pentru care eu nu citesc mai mult de jumătate din cărțile pe care le cumpăr. Când îmi dau seama că autorul nu face decât să-mi ofere justificările sale personale pentru ceea ce crede el că este adevărat și insistă să o facă în multe cuvinte diferite, ca și cum adăugarea mai multor capitole la aceeași prostie ar face-o mai rezonabilă, știu că am de-a face cu un nebun și că cartea lui nu merită nicio atenție, indiferent dacă este populară sau nu, iar autorul, celebru sau nu.

Un alt lucru foarte prostesc pe care l-am observat la mulți oameni care pretind că citesc cărți este că se îndrăgostesc de literatura veche când literatura nouă a depășit aproape tot ce s-a scris vreodată.

Mulți oameni pe care îi întâlnesc, în special în grupurile religioase, sunt atât de incredibil de proști încât nu pot să creadă că scriu cărți mai bune decât orice au citit ei vreodată. Ei sunt incapabili să vadă că ceea ce au citit a fost deja depășit de marea cantitate de informații disponibile astăzi și că, în multe cazuri, autorii nici măcar nu și-au imaginat că acest lucru este posibil. Nu există nimic mai prostesc decât să presupui că cineva care a trăit acum o sută de ani a scris cărți mai bune decât cei care trăiesc astăzi, dar asta cred proștii.

Tehnologia nu era la fel de avansată pe atunci, cărțile nu erau la fel de răspândite, nu existau informații digitale, nu exista posibilitatea de a descărca o carte întreagă în câteva secunde sau de a căuta cuvinte dintr-o carte folosind cuvinte-cheie. Nu era posibil să se caute informații în diferite cărți de o mie de ori mai repede decât înainte; metodele de cercetare nu erau la fel de avansate sau eficiente ca în prezent; nu existau atât de multe articole de cercetare disponibile ca în prezent și nici atât de multe cercetări efectuate de atât de multe universități. Cu toate acestea, mulți oameni încă mai cred că acești autori au scris cărți mai bune. Trebuie să fii retardat mintal ca să crezi asta, motiv pentru care mi-am pierdut interesul pentru toate religiile ai căror membri gândesc astfel. Trebuie să fii foarte prost ca să nu vezi diferența dintre lumea veche și lumea nouă.

Singurul motiv pentru care citesc multe cărți scrise cu mii de ani în urmă este să compar cele două realități și să aflu cum s-au schimbat credințele și cum a devenit lumea ceea ce este astăzi. Singurul motiv pentru care mă uit la lucruri vechi este pentru a studia istoria și modelele. Acesta este un lucru pe care toată lumea din domeniul științei îl știe, dar proștii cred întotdeauna că creierul lor idiot este mai bun decât dovezile. Apoi francmasonii, rosicrucienii şi membrii altor grupuri extrem de secrete mă întreabă cum aş putea să ştiu mai multe decât ei, ca şi cum lucrurile pe care le citesc nu sunt disponibile pentru oricine să le citească şi să le înţeleagă.

Singurul secret în lumea de astăzi nu constă în cunoaştere, ci în propria lipsă de capacitate de a înţelege ceea ce citeşte sau de a crede că înţelege, când nu înţelege. Nefericirea auto-provocată este adevăratul secret, pentru că este evidentă, dar nevăzută. Mulţi oameni din această lume au dificultăţi de învăţare. Prostia este cea mai răspândită boală şi, de asemenea, cea care face cele mai multe victime. În toate sectoarele, veţi constata că cauza morţii a fost fie o decizie personală, fie o decizie colectivă din care oamenii au tras raţionamente pentru a evita pedeapsa. Avocaţii sunt specializaţi în a-i ţine pe cei mai periculoşi infractori departe de închisoare, plătind preţul corect pe oră. Cu toate acestea, adevărata tragedie este că oamenii opun o rezistenţă violentă celor care încearcă să îi înveţe, ca atunci când le arăt că îşi interpretează greşit propriile cărţi, iar ei se înfurie şi mă insultă în replică.

Capacitatea de a distinge între lumea veche şi lumea nouă care se schimbă sub ochii noştri nu are nimic de-a face cu a fi un tradiţionalist sau un modernist, ci mai degrabă cu capacitatea de a vedea cum a evoluat înţelegerea noastră a vieţii. Numai o minte fluidă poate vedea o lume care se schimbă în mod constant. Doar o minte foarte ignorantă va crede că viaţa este statică, că nu se schimbă niciodată. Aceasta este diferenţa fundamentală dintre a vedea lumea ca o dualitate între bine şi rău şi a fi capabil să vezi evoluţia ca pe o cale care transcende dualităţile şi opţiunile. La un nivel de bază, refuzul de a realiza aceste diferenţe sau incapacitatea de a compara cele două realități poate fi văzut ca o lipsă de discernământ sau o ignoranță absolută, dar dincolo de asta, este de fapt o stare profundă de retard mental, un somn profund al sufletului.

Unii oameni sunt literalmente prea lenți pentru a-și vedea realitatea așa cum este ea. Trăiesc într-o lume imaginară în creierul lor, iar religiile lor par să fie un compus al tuturor acestor nebunii, astfel încât să se simtă confortabil cu ceea ce ei percep ca fiind amenințări externe la adresa status quo-ului. Am devenit foarte plictisit de grupurile la care participam pentru că întotdeauna trebuia să ascult lucruri foarte elementare care erau de bun simț sau pur și simplu stupide. Ca urmare, mi-am pierdut respectul pentru toate religiile, de la cele mai populare la cele mai oculte. Este ușor să-ți pierzi interesul pentru religie atunci când realizezi că oamenii se comportă ca niște copii care încearcă să discute despre fizica cuantică pe baza credințelor lor despre Peter Pan și Cenușăreasa.

Capitolul 27: Ciclul pervers al sclaviei moderne și calea de ieșire

Nu poți vorbi despre spiritualitate dacă ceea ce practici este un ritual mental în care încerci să obții plăcere din prostii, fără să-ți schimbi gândirea. Acest lucru nu este foarte diferit de ceea ce s-ar întâmpla dacă ai pune mai mulți oameni bolnavi mintal într-o cameră și ai discuta despre realitate. De asemenea, nu este foarte diferit de ceea ce au făcut oamenii cu mii de ani în urmă, când au experimentat diferite cocktailuri de droguri pentru a încerca să comunice cu Dumnezeu și apoi au scris cărți despre aceste experiențe, care au devenit dogma religiei dominante. Oamenii din aceste grupuri cred că i-am insultat numindu-i nebuni, dar eu descriam fapte - indicând modele observabile - pe care ei nu erau suficient de evoluați să le accepte, pentru că nu puteau vedea același lucru.

Ei nu sunt diferiți de strămoșii lor care, cu mii de ani în urmă, repetau ritualuri bazate pe ideile cuiva care se droga cu ciuperci halucinogene şi venin de şarpe pentru a obţine o înţelegere mai profundă a vieţii. Misticismul din jurul băuturilor sacre care constituie folclorul majorităţii religiilor, de la păgânism şi mitologia greacă până la creştinismul modern, nu este altceva decât un ritual în jurul unui drog special alcătuit din ingrediente necunoscute, la fel cum fac brandurile moderne de băuturi precum Coca-Cola atunci când oferă oamenilor băutura lor fără să dezvăluie ingredientele. De fapt, Coca-Cola nu este altceva decât o băutură inspirată de un ritual care a început cu utilizarea de frunze de coca adevărate, de unde şi popularitatea incredibilă pe care a dobândit-o pe întreaga planetă. Chiar şi papei catolic Leon al XIII-lea i-a plăcut atât de mult această băutură pe bază de cocaină, încât a contribuit la popularizarea ei. Astăzi, creştinii celebrează Sfânta Liturghie cu vin, ceea ce este la fel de absurd ca orice altceva, dar totuşi o amintire a trecutului. Nu este nici măcar surprinzător faptul că atât de mulţi scriitori cred că trebuie să fie beţi pentru a scrie bine, bazându-se pe aceleaşi idei. Cu toate acestea, oamenii se gândesc întotdeauna că nebunia era în trecut, nu în lumea de astăzi.

Dacă oamenii din jurul tău nu pot vedea cât de distorsionate sunt minţile şi viziunile lor asupra realităţii, dar tu poţi, singura ta opţiune este să îi laşi în urmă. Alternativa este să pierzi fiecare argument cu proştii care sunt hotărâţi să te facă să simţi şi să crezi că eşti nebun, făcându-te să te îndoieşti de tot ceea ce spui în toate modurile posibile. Timp de mulţi ani din viaţa mea, am crezut că sunt nebun pentru că nu ştiam că sunt mai avansat decât toţi ceilalţi pe care îi cunoşteam. Am crezut că am ceva de învăţat de la alţii şi, mai rău, am crezut că oameni din cele mai diverse religii mă ajută să găsesc adevărul. Abia mult mai târziu mi-am dat seama că oamenii mint și îi subestimează pe ceilalți pentru a părea corecți și nu își recunosc niciodată propriile nesiguranțe, limitări și ignoranță. Oamenii sunt foarte nesiguri, egoiști și egocentrici. Ei nu au empatie pentru ceilalți, deoarece tot ceea ce doresc este validarea lor. Ei se concentrează pe o natură inferioară, chiar dacă încearcă să pară sfinți și spirituali.

Această trădare a încrederii mele m-a forțat să mă consider retardată mintal, pentru că mulți ani am fost prea naivă pentru a vedea retardarea altora. Nu puteam să cred că atât de mulți oameni, din atât de multe religii diferite, puteau fi atât de egoiști, egocentrici și răi încât să manipuleze informațiile pentru a potrivi aceste trei caracteristici în personalitatea lor. Abia când mi-am dat seama în sfârșit de acest lucru, totul s-a luminat pentru mine și am văzut cât de urâtă este toată lumea, simțindu-mă ca într-o lume oribilă a monștrilor dezgustători obsedați de propria lor murdărie. Atunci am putut să mă eliberez, pentru că mi-am dat seama că numai eu îmi pot da răspunsurile de care aveam nevoie. Având în vedere numărul de ani pe care îi petrecem fiind înșelați și pierduți, această călătorie ne consumă aproape întreaga existență. Pare mai ușor să renunți, dar pentru mine nu a existat altă alternativă decât să creez o lume nouă. De fapt, cu cât știu mai multe, cu atât mai puțin pot trăi cu mizeria pe care alții au creat-o pentru ei înșiși.

Banii, desigur, devin foarte importanți atunci când vrei să scapi de această lume a nebunilor, și este curios că este subiectul cel mai crud atacat printre ei. Cu toate acestea, nu vei avea libertatea ta până când nu vei avea suficienți bani pentru a o cumpăra. Până atunci, vei rămâne un sclav al sistemului. Vei avea nevoie de un loc de muncă și de un salariu care abia îți acoperă chiria și mâncarea. Vei munci pentru aprobarea celorlalți pentru a-ți păstra locul de muncă, așa că nu vei putea economisi suficient pentru a călători pentru o perioadă lungă de timp, chiar dacă vrei să experimentezi un stil de viață diferit pentru o vreme. De asemenea, nu veți avea suficient timp să citiți cărți sau să studiați lucruri noi, cu atât mai puțin să învățați limbi noi și să vă dezvoltați noi abilități, deoarece veți fi prea obosiți pentru a face aceste lucruri.

Asta este sclavia cu adevărat: schimbul timpului și creierului tău pentru bani care nu fac nimic pentru tine, cu excepția faptului că te mențin în viață, astfel încât să poți continua să reproduci același sistem așa cum este. Și pentru că acest ciclu este atât de pervers, mulți dintre cei care se trezesc se culcă din nou când își dau seama că sunt într-o închisoare din care nu pot evada. Există o cale de ieșire, dar necesită eforturi pe care nu le-ați luat niciodată în considerare și multe sacrificii care pot fi extrem de dureroase emoțional și mental. Cel puțin, va trebui să renunți la singurul tău timp liber pentru a învăța cât mai mult posibil și vei pierde o mare parte din acest timp citind cărți greșite și ascultând oameni nepotriviți. În momentul în care îți vei da seama unde este adevărul și cum este el, s-ar putea să ai între 40 și 50 de ani și să ai mult mai puțină energie decât aveai la 20 de ani, dar aceasta este singura ta șansă de a experimenta libertatea. Puteți ajunge acolo dacă realizați că sistemul are puncte slabe, lacune create de evoluția constantă care necesită experți de încredere. Dacă te poziționezi înaintea acestei evoluții, vei reuși.

Acesta este modul în care mulți oameni au devenit bogați de-a lungul istoriei. Poate că sunteți de acord că vânzarea de cartofi, ciocolată, zahăr, porumb sau curry nu vă va îmbogăți, dar așa s-au îmbogățit multe familii în trecut. Astăzi, oamenii se îmbogățesc prin noi oportunități care erau de neconceput în trecut, cum ar fi vânzarea de cafea și apă. Sunt sigur că noi oportunități vor continua să apară și vor fi mai accesibile ca niciodată. Dezvoltarea internetului este un exemplu în acest sens, deși majoritatea oamenilor pe care îi cunosc, în special în Europa, sunt prea proști pentru a înțelege cum poate cineva să facă bani dintr-un magazin online și, spre uimirea mea, sunt suficient de proști pentru a-i ridiculiza.

Capitolul 28: Realitatea națiunilor sărace și a culturilor mizerabile.

În lumea de astăzi, ar trebui să fii destul de ignorant pentru a nu înțelege cum să faci bani doar cu un site web, dar, spre surprinderea mea, marea majoritate a populației din anumite părți ale lumii nu realizează cum se întâmplă aceste lucruri sub ochii lor, chiar și atunci când folosesc ei înșiși aceste site-uri. Una dintre cele mai idioate persoane pe care le-am întâlnit vreodată a spus ceva care reflectă mentalitatea oamenilor din Europa. Ea a spus, referindu-se la una dintre companiile mele: „Nu aveți cu adevărat o afacere, doar revindeți haine la un preț mai mare și luați un procent din profit".

M-am uitat la ea neîncrezătoare, pentru că nu-mi venea să cred că cineva poate fi atât de ignorant. Așa că am întrebat-o: „Cum crezi că face bani cineva care are o afacere?" Nu mi-a putut răspunde. Dar iată partea cea mai bună: era contabilă. Un contabil care nu știe cum face bani o companie este ceva ce încă nu înțeleg. Este chiar mai rău de atât: gândiţi-vă la oamenii de ştiinţă pe care i-am întâlnit şi care studiau ADN-ul viruşilor şi nu ştiau ce fac şi implicaţiile lor la scară mai largă, şi asta înainte de răspândirea coronavirusului în Europa în 2019. Mă uimeşte că ei, fiind experţi, nu pot vedea că cercetările lor ar putea fi folosite pentru a face arme biologice. Chiar m-au ridiculizat când i-am întrebat despre asta. Oamenii au devenit atât de proşti încât nu înţeleg nimic despre propria lor lume. Când călătoresc, acest lucru devine atât de evident, încât am renunţat să mai întreb oamenii cum se numesc străzile sau restaurantele, pentru că niciodată nu sunt capabili să-mi vorbească despre clădirile sau străzile pe lângă care trec în fiecare zi.

De exemplu, recent, în Albania, le-am arătat localnicilor fotografia unui restaurant şi i-am întrebat unde se află, dar nimeni nu mi-a putut spune, nici măcar proprietarii unui hotel şi ai unui salon de coafură din aceeaşi zonă. Au fost nevoiţi să folosească hărţile virtuale de pe telefoanele lor mobile pentru a afla că restaurantul se afla pe aceeaşi stradă unde lucrau, lucru pe care îl ştiam deja fără să locuiesc acolo. De fapt, acesta este motivul pentru care am pus întrebarea. În cele din urmă, însă, aceşti localnici au fost la fel de folositori ca şi mine, care vizitam ţara pentru prima dată. Asta ar trebui să vă spună tot ce trebuie să ştiţi despre minţile oamenilor. Prin asta vreau să spun că sunt retardaţi mintal şi inutili pentru orice.

Acest scenariu îi face pe mulţi oameni să aibă sentimente contradictorii atunci când cineva vorbeşte despre exterminarea majorităţii oamenilor de pe planetă, pentru că nu văd cum ar putea fi de folos atâţia oameni ca nişte creaturi care nu gândesc, nu au speranţă, nu sunt empatice şi nu se trezesc. Cel puţin atunci când sunt foarte proşti şi foarte săraci, pot avea puţină compasiune pentru ceilalţi. Dar, aşa cum am văzut în multe naţiuni, se întâmplă contrariul. Ei devin mai egoişti, resentimentari şi violenţi faţă de cei care au ceea ce ei nu au. Filipinezii, în special, nu sunt nefericiţi pentru că sunt săraci, ci pentru că mint, manipulează şi încearcă să înşele călătorii care le vizitează ţara. Sunt extrem de nepoliticoşi şi corupţi. Nu numai că a trebuit să plătesc o sumă uriaşă de bani pentru a părăsi ţara, dar a trebuit, de asemenea, să plătesc funcţionari guvernamentali corupţi pentru a face ceea ce salariile lor îi plăteau deja să facă. Asta pentru că şantajul şi corupţia sunt atât de comune în această naţiune încât toţi străinii din faţa mea au plătit la birourile de imigrare.

Situaţia nu este diferită la Departamentul de imigrare de la Aeroportul Internaţional Ninoy Aquino din Manila, unde călătorii filipinezi sunt împiedicaţi în mod constant să se îmbarce pentru că nu au plătit persoana care abuzează de poziţia lor şi care le pune întrebări foarte personale. Sunt atât de obişnuiţi, încât atunci când nu i-am dat ofiţerului de la imigrări bani pentru a tipări un document de ieşire dintr-o ţară în care nici măcar nu m-am născut, ci doar am trecut ca vizitator, acesta m-a întrebat: „Unde sunt banii mei?" Mai rău decât să fii sărac este să fii un mincinos şi un trişor. Ce fel de naţiune mizerabilă este aceasta, în ciuda faptului că se pretinde a fi majoritar creştină?

Lituanienii şi polonezii sunt asemănători, a căror mizerie a devenit mai puţin evidentă de când au aderat la Uniunea Europeană. Pe cont propriu, ei ar rămâne la fel de mizerabili ca întotdeauna, deoarece o cultură teribilă şi un popor fără valori pozitive creează o naţiune mizerabilă. Şi nimic nu este mai evident decât lipsa lor de recunoștință față de cei care i-au ajutat să iasă din mizerie, pentru că acesta este modul în care un popor mizerabil apreciază ajutorul primit, susținând că au făcut totul singuri și că sunt superiori tuturor celorlalți. Această atitudine nu face decât să întărească nevoia de a-i extermina, în loc să-i ajute, și face foarte dificil să te gândești la evoluție de jos în sus sau să simți compasiune pentru acești oameni atunci când națiunea lor este distrusă de o invazie străină.

Rasa umană este o problemă atunci când refuză să evolueze sau când i se refuză evoluția, motiv pentru care sistemul este antagonist față de sine. Cu cât oamenii sunt mai imersați în sistem și au mai multă încredere în el, cu atât devin mai inutili ca ființe umane și suferă mai mult ca victime ale sistemului pe care îl protejează. De aceea, naționalismul este modul în care un popor prost protejează convingerile colective care ar trebui schimbate. Naționalismul este cristalizarea unui popor într-un teritoriu, simbolizat de un steag. Acest lucru nu are niciun sens într-un peisaj în continuă evoluție. Dar cel mai rău este rasismul, ideea că națiunea ta nu este formată dintr-o multitudine de popoare din diferite părți ale lumii, ci dintr-o singură recoltă de oameni cultivată în câmpurile de cartofi ale acestui pământ de către o forță misterioasă numită Dumnezeu.

De fapt, cei care scapă de sistem sunt elementele cele mai necesare pentru acesta. Totuși, nu trebuie să mă credeți. Multele oferte de muncă pe care le-am primit fără să le cer îmi dovedesc punctul de vedere. Oamenii vor ca cineva ca mine să le conducă companiile, să-i învețe pe ei și pe profesorii lor pedagogie, să vorbească în public și să-i ajute să dezvolte o strategie de afaceri. Nu vor să lucreze sau să învețe de la cineva care nu are nimic de spus sau de oferit, în afară de a repeta ceea ce ei știu instinctiv că nu funcționează bine. Și totuși, ironia este că sunt la fel de necesar pe cât sunt de urât. Oamenii vor să știe tot ce știu, dar sunt la fel de energici în respingerea a tot ce spun. Sunt mândri să mă admire pentru ceea ce am realizat și creativi în a mă insulta pentru că nu sunt în stare să fac la fel.

Capitolul 29: Adevărul dur despre responsabilitatea parentală și succes

Lucrul interesant despre evoluția ca ființă umană este că îți dai seama curând că nu este doar o decizie care îți afectează inteligența și viața socială, ci că este într-adevăr o schimbare complet organică. De exemplu, mi-am schimbat dieta de mai multe ori pentru a-mi reduce nivelul de depresie și pentru a rămâne concentrat și mai puțin bolnav pentru perioade mai lungi. De asemenea, am început să fac mai multe exerciții fizice, deoarece am realizat legătura dintre modul în care funcționează creierul meu și capacitatea mea de a gândi eficient.

Banii au devenit esențiali în viața mea pentru a călători mai mult și pe distanțe mai lungi, ceea ce mă ajută să rămân concentrat în timp ce observ noi moduri de viață și de gândire. În esență, totul în viața mea a devenit parte din ceea ce sunt, motiv pentru care mi se par proști oamenii care îmi spun să mă relaxez și să muncesc mai puțin. Dacă aș gândi ca ei, aș avea viața lor, nu a mea. Ei nu pot avea viața mea pentru că refuză să gândească ca mine. Ei vor viața mea cu felul lor de a gândi, iar asta este prostia: să vrei să progresezi fără să te schimbi.

Moralitatea este în concordanță cu acest progres, deoarece este mai probabil să produci produse mai bune și să le vinzi mai ușor dacă ești de încredere și înțelegi nevoile clienților tăi. Acesta este motivul pentru care mențin o relație directă cu cititorii mei, cu autenticitate, respectându-le interesele și întrebările.

Pe parcurs, a trebuit, de asemenea, să învăț să accept că unele lucruri nu sunt compatibile cu acest nou stil de viață, inclusiv o viață socială stabilă. În prezent, am mai multe șanse să întâlnesc oameni pe care nu îi voi mai revedea niciodată decât să am prieteni vechi, și am învățat să accept acest lucru ca pe un lucru pozitiv. Oricum, majoritatea oamenilor nu sunt foarte unici, așa că, cu cât cunoști mai mulți oameni, cu atât îți dai seama că sunt incapabili de schimbare, repetând aceeași mentalitate, aceleași convingeri și aceleași conversații timp de mai multe decenii. Oamenii inteligenți, unici și buni sunt rari. Având în vedere acest lucru, abundența pe care o reflectați în ceilalți, care este anormală pentru ei, devine normală pentru dumneavoastră.

De exemplu, oamenii mă întreabă mereu cum îmi fac prieteni atât de repede, dar având în vedere că toți dispar, mai ales după ce călătoresc, și nu răspund niciodată la mesajele mele, nu consider că îmi fac mulți prieteni, ci că întâlnesc mulți oameni pe parcurs. De asemenea, oamenii mă întreabă de ce îmi fac atâtea griji în privința banilor, deoarece este evident că nu văd legătura dintre productivitate, bani și cheltuieli. De fapt, ar trebui să doriți să vă maximizați profiturile, astfel încât să lucrați mai puțin și să obțineți aceleași rezultate, nu mai mult, reducându-vă în același timp cheltuielile, astfel încât să nu fiți nevoiți să lucrați mai mult. Ei nu înțeleg acest lucru pentru că își schimbă viața pentru timp. Ei nu prețuiesc timpul sau libertatea suficient de mult pentru a-i respecta pe cei care o prețuiesc. De aceea nu prețuiesc banii, chiar dacă spun că vor mai mulți. Nu poți obține ceea ce nu respecți. Acest lucru este valabil atât pentru oameni, cât și pentru bani, deoarece oamenii au inventat banii pentru a facilita tranzacțiile într-o lume extrem de disfuncțională, imorală și egoistă, în care schimbul era foarte dificil și lua mult timp, iar furtul și corupția erau peste tot, la fel ca în prezent. Tocmai pentru că oamenilor le lipsesc calitățile morale, banii sunt atât de importanți. Cu toate acestea, majoritatea oamenilor nu par să înțeleagă aceste lucruri, nu înțeleg cum funcționează propria lor viață.

Practic, dacă banii ar fi răi, oamenii fără adăpost ar fi cei mai fericiți oameni din lume. În plus, nu este uimitor să vezi că am evoluat de-a lungul atâtor mii de ani pentru a ajunge la o lume în care majoritatea oamenilor habar nu au cum se fac banii, cum se plantează și cresc cartofii, nimic, nicio cunoștință utilă, nici măcar despre propria lor istorie ca popor? Cu toate acestea, observațiile pe care le facem cu privire la realitatea pe care o avem ne definesc, de asemenea, alegerile noastre. Așa că atunci când oamenii văd mai puțin, nici ei nu înțeleg astfel de lucruri, chiar dacă încerci să le explici.

Una dintre cele mai stupide și comune consecințe ale acestei ignoranțe în masă este obsesia cu asociațiile genetice. Oamenii chiar cred că bărbatul care a furnizat sperma și femeia care a furnizat ovulul în timpul unui moment de sex sunt indivizi care trebuie adoraţi şi de care trebuie să se ataşeze emoţional pentru tot restul vieţii lor. Ei nu îşi dau seama că această corelaţie este relativă la ceea ce au făcut aceste două persoane pentru a promova supravieţuirea şi succesul fiilor şi fiicelor lor în viaţă şi că, în multe cazuri, ceea ce au făcut a fost exact opusul. Pare ofensator să spui aceste lucruri pentru mulţi oameni, dar adevărul este că majoritatea părinţilor sunt doar nişte rataţi care repetă aceeaşi mentalitate ignorantă generaţiei următoare. Ei nu merită nimic în schimb. Singurii părinţi care merită ceva de la fiii şi fiicele lor sunt cei care îşi sacrifică existenţa pentru a oferi o educaţie mai bună generaţiei următoare şi îşi încurajează fiii şi fiicele să muncească mai mult şi să persevereze, indiferent de rezultate. Am văzut acest lucru în familiile chineze şi indiene, dar nu şi în alte părţi ale lumii.

Adesea, scuza este lipsa banilor pentru a le oferi copiilor o educaţie adecvată, caz în care nu cred că ar trebui să-i aibă. Aceasta nu este o viziune negativă asupra vieţii, ci un mod practic şi pozitiv. De fapt, dacă ar trebui să explicăm conceptul de a fi pozitiv, aş spune că nu se bazează pe aspectul pozitiv, ci pe capacitatea de a diferenţia stările mentale şi modul în care acestea conduc la rezultate şi comportamente foarte diferite, deoarece nu poţi justifica faptele negative atunci când acestea sunt în mod evident rele. De fapt, este interesant faptul că, în cultura filipineză, copiii sunt numiţi egoişti şi imorali dacă nu vor să îşi ajute familia oferindu-le o parte din salariul lor, când, de fapt, este adevărat contrariul: dacă ai fost conceput în sărăcie, nu datorezi nimic oamenilor care nu s-au putut controla şi au fost suficient de egoişti şi imorali încât să te aducă la viaţă în timpul unui act de plăcere pentru corpurile lor. Cum poate un copil să își datoreze viața a doi oameni pentru simplul motiv că au făcut sex? Nu are sens, decât pe o planetă locuită de bolnavi mintal.

Capitolul 30 – Luarea de decizii în cunoștință de cauză într-o lume a psihopaților

U neori, un comportament care poate fi perceput ca fiind negativ poate duce la un rezultat pozitiv, în timp ce un comportament care poate fi perceput ca fiind pozitiv poate duce la un comportament negativ. De exemplu, dacă o femeie britanică din fața mea în autobuz își ține frenetic geanta de mână ca și cum aș vrea să i-o fur, ea consideră acest comportament pozitiv, dar eu îl consider ofensator și extrem de stupid. Ea nu știe că se comportă ca o retardată mintal deoarece, pentru o persoană cu handicap intelectual, culoarea pielii unei persoane determină ce se poate aștepta de la ea. Un comportament negativ cu influențe pozitive ar fi să o insulte pe această femeie și să îi dea o lecție despre discriminare, discriminând-o din cauza lipsei sale de inteligență. Cu toate acestea, mulți oameni nu văd diferența dintre cele două situaţii, motiv pentru care multe nedreptăţi sunt comise în numele legii şi al religiei. Vedem acest lucru atunci când Statele Unite şi NATO invadează ţări folosind minciuni drept scuze şi nimeni nu se plânge. Cu toate acestea, oamenii reacţionează atunci când Rusia face acelaşi lucru altor naţiuni, chiar şi atunci când are o scuză valabilă pentru a face acest lucru.

Această ipocrizie, însoţită de o lipsă de discernământ faţă de realitate, se manifestă, de asemenea, în modul în care oamenii se privesc pe ei înşişi, deoarece adesea cred că, deoarece bogaţii au mult, ei au puţin. Dar putem analiza acest lucru la o scară mai mică, ca atunci când cineva îmi cere un loc de muncă şi apoi solicită un salariu foarte mare. De ce ar trebui să plătesc mai mult pentru lucruri care nici măcar nu au fost făcute? Ceea ce am observat la mulţi oameni este că nu le place să muncească, ei cred doar că cei care au mai mult ar trebui să împartă mai mult. Dar de unde au venit banii mei? Nu au fost rodul muncii mele? Vedeţi, există un element de egoism în spatele a ceea ce pare a fi o viziune socialistă asupra vieţii. Oamenii cred că au dreptul la lucruri fără să facă nimic pentru a le câştiga.

Pe măsură ce tot mai mulţi oameni se luptă cu şomajul şi încearcă să trăiască din turism, am început să observ din nou acelaşi tipar. Adică, sunt păcălit să rezerv un apartament care pare să aibă tot ceea ce am plătit, dar când ajung văd altceva: mobilă ruginită, o casă care nu este foarte curată, nimic ce pot folosi pentru gătit sau care este prea vechi pentru a fi folosit, şi aşa mai departe. Apoi, aceşti oameni se enervează foarte tare când decid să plec a doua zi şi cer o rambursare. Niciodată, în niciun caz pe care l-am întâlnit, nu vor să dea banii înapoi. Ei cred cu adevărat că aceşti bani sunt ai lor şi nu rezultatul unei tranzacţii care nu a avut loc niciodată pentru că le-a fost prea lene să facă curat în casă şi au făcut cât mai puţin posibil pentru a păstra un client. Ei cred adesea că este nedrept că am decis să plec. Ce speranţă au aceşti oameni?

Scopul lor în viaţă este să escrocheze cât mai mulţi oameni, pentru că aşa văd ei ideea de a-şi câştiga existenţa. Este şi mai rău când site-urile populare de închirieri încurajează acest comportament, deoarece împărtăşesc aceeaşi mentalitate şi şterg toate recenziile negative care avertizează clienţii cu privire la aceste situaţii. În acest fel, aceste companii reuşesc să păcălească cât mai mulţi oameni, chiar dacă clienţii sunt jefuiţi şi violaţi în apartamentele pe care le închiriază, ceea ce s-a întâmplat frecvent.

Oamenii spun apoi că problema în lume este lipsa locurilor de muncă, pentru că ei văd doar suprafaţa. Ei nu văd că majoritatea oamenilor nu sunt potriviţi să facă parte din societate şi că existenţa lor este o sursă de probleme. Am fost sărac de multe ori în viaţa mea şi nu am folosit niciodată această condiţie pentru a justifica minciuna şi înşelăciunea, aşa că nu cred că poate fi folosită ca scuză. De fapt, aceşti oameni sunt cei care justifică legi mai stricte. Într-o lume a oamenilor sănătoşi, nu ar fi nevoie de legi, deoarece bunul simţ şi onestitatea ar fi cele mai importante şi mai cunoscute legi. Este o societate bolnavă mintal care vede în imoralitate o scurtătură către mai mult profit. Numeroşii psihopaţi pe care i-am întâlnit în diferite părţi ale lumii şi din diferite profesii îmi arată acest lucru atunci când spun: „Ce-ţi pasă ţie de ceilalţi oameni? Ce fac ei cu ceea ce le spui tu este treaba lor!”

Putem concluziona, așadar, că nu ceea ce avem face diferența, ci modul în care ne trăim viața. Mă refer, desigur, la alegerile pe care le facem de-a lungul drumului și la direcția în care ne duc acestea. Și, desigur, cunoașterea faptelor despre mediul în care sunt făcute alegerile noastre ne poate conduce la un rezultat mai bun. De exemplu, ar fi o prostie să încerci să ai o carieră onestă în țări în care majoritatea oamenilor sunt psihopați. În astfel de țări, este mai probabil să devii bogat și faimos prin violență sau prin activități conexe, cum ar fi colaborarea cu armata sau cu companii private de securitate.

Poate părea ridicol să spui că a face parte din forțele armate te poate face bogat, până când te uiți la țări precum Portugalia și realizezi că forțele lor armate sunt atât de corupte încât pot transforma orice proces ilegal într-unul legal și pot ține departe de închisoare persoane importante implicate în traficul de arme. Nu am auzit niciodată de un singur caz în această țară în care armata să fi arestat pe cineva pentru activități criminale în cadrul acesteia. Dimpotrivă, în Portugalia, dacă le spui celorlalți că lucrezi pentru armată, oamenii te vor respecta, deoarece într-o țară în care majoritatea sunt psihopați, cei care abuzează de putere tind să fie cei mai respectați.

Din același motiv, politicienii săi sunt adesea prinși în scheme de corupție și spălare de bani, dar rareori ajung la închisoare. Mai rău, populația este suficient de proastă pentru a-i realege pe cei care au fost deja condamnați la închisoare în aceeași funcție politică pe care au deținut-o anterior. Mulți continuă să aibă influență politică în ciuda problemelor juridice și a condamnărilor la închisoare. Un popor needucat se manifestă într-adevăr prin decizii stupide. Dar dacă vrei să te ocupi de chestiuni birocratice în această țară, te tratează ca și cum ai încerca să câștigi încrederea oamenilor onești. Acesta este și modul în care psihopații își ascund imbecilitatea, deoarece mulți funcționari publici habar nu au ce fac sau ce spune legea. Dacă angajați un avocat în această țară, acesta va minți cu privire la drepturile dumneavoastră pentru a extorca cât mai mulți bani, deoarece are și mai puțină considerație pentru lege decât oricine altcineva. De asemenea, nu este neobișnuit ca un avocat portughez să încerce să obțină mai mult profit de la persoanele cu care vă luptați, astfel încât să pierdeți cazul. Puteți economisi mai mulți bani angajând un detectiv care să vă însoțească avocatul, să găsească dovezi împotriva acestuia și să se asigure că își face treaba corect.

Capitolul 31: Valoarea discreției și a investițiilor strategice

Modul în care interpretezi și observi lumea determină direcția pe care o va lua viața ta, așa că nu te poți aștepta ca ceilalți să fie de acord cu tine pe măsură ce evoluezi. De exemplu, majoritatea oamenilor interpretează existența mea foarte diferit de realitate. Mulți oameni presupun că scriu cărți pentru a călători, când de fapt am ales să scriu cărți pentru a nu mai lucra ca profesor, manager de afaceri sau în orice alt loc de muncă care mă obliga să stau în același loc cu aceiași oameni în fiecare zi. Aceasta este o boală pentru mine și este insuportabilă, mai ales când nu i-am ales pe acești oameni și trebuie să mă prefac că îi tolerez în fiecare zi.

De asemenea, oamenii cred că scopul meu este să merg peste tot pe planetă, când, de fapt, scopul meu este doar să mă mut atunci când sunt nefericit și nu-mi pot rezolva problemele legate de viză. De fapt, este foarte dificil să obții o viză de ședere în aproape orice țară de pe planetă, mai ales dacă ești independent financiar, deoarece țările îți vor banii, nu pe tine. Cu excepția cazului în care acești bani sunt investiți în cantități mari de lucruri complet irelevante şi inutile, nu vă vor da permisiunea de a rămâne. În cele din urmă, va fi mult mai ieftin să călătoriți decât să locuiți undeva ca rezident. Cu costul vizei de aur în Grecia, de exemplu, ați putea închiria un avion privat şi să zburați în jurul lumii, şi tot nu ați fi cheltuit nici jumătate din bani.

Un alt lucru pe care majoritatea oamenilor nu par să-l realizeze, pentru că încă mai gândesc ca bunicii lor, este că în lumea de astăzi nu este o investiție bună să cumperi o casă, decât dacă nu ai de gând să locuieşti în ea, ci să o închiriezi altcuiva. Probabil că nu ți-o vei putea permite pentru tot restul vieții, iar costurile de întreținere nu merită. Este mai bine să investeşti aceşti bani în mai multe proprietăți de închiriat de-a lungul vieții tale. Ceea ce merită să faceți în lumea de astăzi este să investiți în cunoştințe, care sunt mult mai accesibile şi mai ieftine. În plus, trebuie să investeşti într-o afacere care poate fi automatizată, astfel încât să poți scăpa de responsabilități în câțiva ani şi să câştigi venituri pasive. Dacă puteți face acest lucru de mai multe ori, puteți câştiga foarte bine.

Cu toate acestea, după cum observ, marea majoritate a populației nu este deloc conştientă de aceste lucruri. Unul dintre lucrurile pe care oamenii nu le văd la mine, de exemplu, este că a scrie cărți nu este doar un mod de viață sau o afacere, ci o formulă, deoarece aceste cărți se vor vinde pentru totdeauna, chiar dacă sunt scrise o singură dată. Acesta este venitul etern dintr-o muncă făcută în câteva zile. În domeniul artei digitale, video, fotografiei şi muzicii, de exemplu, există alte exemple care pot fi comparate cu acesta. Multe persoane văd cu adevărat aceste oportunități, în timp ce restul oamenilor par să doarmă la tot ceea ce se întâmplă, şi anume numeroasele evoluții ale inteligenței artificiale care pot reproduce arta la cel mai înalt nivel.

Atunci când observăm că oamenii se schimbă lent și, în multe cazuri, nu se schimbă deloc, adesea nu reușim să vedem întreaga amploare a acestei realități, deoarece înseamnă că masele încă urmează aceleași modele de gândire ca strămoșii lor, care au trăit fără internet, fără electricitate și fără multe dintre oportunitățile pe care le avem astăzi. Încă mai văd oameni în cafenele care citesc cărți de hârtie în ritm de melc, ceea ce cred că este cel mai prostesc lucru pe care îl poți face astăzi. Poate că ei cred că sunt atât de deștepți pentru că citesc o carte în public, dar cel mai deștept lucru este să îți pui căști și să asculți cărți în timp ce îți relaxezi ochii, uitându-te la un ocean sau la un lac, de exemplu. Așa reușesc eu să citesc zeci de cărți pe zi fără ca nimeni să observe. Vei ajunge mult mai departe în viață dacă nu-ți mai faci griji pentru ce cred ceilalți și respingi ideea că trebuie să le dovedești ceva.

De exemplu, postarea unei fotografii cu tine cu un Lamborghini sau o barcă pe rețelele de socializare ți-ar putea aduce laude din partea prietenilor tăi și genul de validare pe care o cauți, dar este mult mai valoros pentru viitorul tău să îți ții gura, să nu arăți nimic despre ceea ce faci, să lași oamenii să creadă că ești sărac și prost și poate chiar că vinzi droguri, așa cum presupun mulți despre mine, și apoi să îi judeci în funcție de judecățile pe care le fac ei despre tine în timp ce tu iei decizii importante pe care ei nici măcar nu le pot vedea sau înțelege, ceea ce fac eu tot timpul. Apoi folosiți banii care ar fi fost cheltuiți pe acel Lamborghini pentru a investi în demararea unei afaceri, a unui proiect imobiliar și în angajarea de oameni care să lucreze pentru dumneavoastră. La un cost mediu de una până la două mii de dolari pe lună, puteți angaja aproape orice persoană din întreaga lume timp de mulți ani, dacă aveți banii necesari pentru a cumpăra un Lamborghini. Dacă vă alegeți angajații cu înțelepciune și le oferiți un proiect funcțional, aceștia vă vor face mai bogați, ceea ce le va justifica salariul și vă va permite să angajați și mai mulți oameni. Dacă locuiți într-o țară săracă, sărăcia este avantajul dumneavoastră, deoarece puteți angaja mai mulți oameni pentru mai puțini bani și puteți obține rezultate mai repede decât oricine altcineva din lume.

Capitolul 32 – Concentrați-vă pe calitate și pe oamenii care o apreciază.

Pentru cineva care a obținut bogăție în viața sa, cel mai prostesc lucru pe care îl poate face este să posteze poze cu mașinile sale pe social media și să caute validarea din partea altora, pentru că în acel moment toată lumea va veni și îți va cere bani sau se va plânge dacă nu le dai. Pe parcurs, s-ar putea să descoperi că ai nevoie de aprobarea altor oameni, dar asta nu are nicio valoare, este un obiectiv greșit. Dacă nu-ți poți ține gura despre obiectivele tale sau despre bogăție, probabil că nu ești calificat să fii bogat. Știi că ești calificat pentru a fi foarte bogat atunci când nu cauți compania, respectul sau aprobarea altor oameni și nici nu ai nevoie să știi ce cred ei. Atunci când nu-ți pasă de opiniile altora, câștigi mai mult spațiu în minte pentru a-ți formula propriile gânduri, dintre care multe vor fi complet noi și mai concentrate pe viitor decât pe prezent.

În cazul meu, de exemplu, nu m-am gândit niciodată să dețin o barcă până când am început să călătoresc mult mai mult și mi-am dat seama că un iaht m-ar scuti de bani și de dureri de cap legate de escrocii care închiriază apartamente proaste. Cele mai populare platforme de cazare pentru călători oferă servicii foarte proaste într-un sector folosit de milioane de oameni. Cu toate acestea, adevărata problemă este că puțini oameni călătoresc pe tot parcursul anului, nu doar pentru câteva săptămâni, astfel încât oamenilor ca mine le este mai bine să folosească ambarcațiuni decât apartamente de mâna a doua prezentate drept case de lux. În acest caz, vorbesc despre un iaht ca un mijloc de a economisi bani și de a fi mai practic în viață, cu mai mult confort, nu ca un mijloc de a obține validare socială, iar aceasta este partea pe care mulți, în special cei săraci, nu o înțeleg. Cei săraci se concentrează întotdeauna pe aspectele externe, deoarece nu au simțul esenței, al planificării sau al viziunii.

Aș putea spune același lucru despre cei care mă întreabă cum să fac bani din cărți și muzică, ca și cum nu ar conta cât de inteligenți și talentați sunt, pentru că nu vor ajunge niciodată la nivelul meu de succes. Și nu vor ajunge niciodată dintr-un motiv foarte simplu pe care nu îl pot înțelege: încearcă să obțină succesul cu o mentalitate egoistă și săracă. Ei văd banii ca obiectiv, nu calitatea muncii lor și oamenii care vor plăti pentru ea. Acesta este motivul pentru care eșuează și vor eșua întotdeauna, și de aceea merită să eșueze. Ori de câte ori vreau să câștig mai mulți bani, nu mă concentrez pe ei, ci pe munca mea. Încerc să găsesc modalități de a îmbunătăți calitatea a ceea ce fac și am relansat unele dintre cele mai bine vândute cărți ale mele după ce le-am îmbunătățit. De asemenea, am lucrat la egalizarea sunetelor din fiecare dintre cântecele mele.

În ciuda tuturor acestor eforturi, o mare parte din munca mea nu produce rezultatele pe care le aștept, dar sunt consecvent cu acest principiu, motiv pentru care sunt un artist și un autor de succes de peste zece ani și am călătorit în zeci de țări bazându-mă pe această mentalitate și consecvență. Marea majoritate a oamenilor nu pot vedea lucrurile așa. Sunt prea obsedați de partea cu banii, motiv pentru care eu nici măcar nu pot vorbi cu ei. Cu cât știu mai multe despre cum funcționează viața, cu atât mai puțini prieteni am, pentru că majoritatea oamenilor sunt prea proști, insultători, aroganți și invidioși pentru ca oameni ca mine să poată relaționa cu ei sau să-i învețe ceea ce au nevoie să învețe. Majoritatea se pot înțelege doar cu alți oameni ca ei pentru că nu pot accepta pe cineva mai bun. Sunt prea egocentrici pentru a tolera pe cineva ca ei.

Acesta este motivul pentru care multe dintre relațiile mele anterioare au eșuat și mulți oameni nu pot găsi o relație adevărată. Dacă majoritatea oamenilor nu pot trăi fără să meargă la plajă într-un weekend, nu se pot opri din a se îmbăta tot timpul, nu pot spune „nu” când merg la o petrecere, atunci nu pot face parte din viața mea. La fel, când va veni momentul să petrec un an întreg pe o insulă bucurându-mă de soare, va trebui să o fac singur.

Este trist de spus și adesea insuportabil de citit pentru mulți, dar majoritatea oamenilor sunt incapabili să evolueze, chiar dacă mizeria lor este o consecință a prostiei și alegerilor lor greșite. Ei tind să fie foarte proști pentru că sunt lacomi și leneși. Deci ar trebui să-mi pară rău pentru ei? Îmi pare rău pentru cei care citesc mult şi muncesc din greu şi nu obţin ceea ce îşi doresc, dar nu am întâlnit niciodată o astfel de persoană. De fapt, nu am întâlnit niciodată o persoană care să muncească din greu, să citească multe cărţi despre sănătatea mintală şi să sufere de boli mintale. Pur şi simplu nu se întâmplă! Atunci când vă propuneţi să vă rezolvaţi problemele, găsiţi răspunsurile şi oamenii potriviţi care să vă ajute, iar apoi rezolvaţi totul. Legea manifestării sau a atracţiei este reală: atragi ceea pe ce te concentrezi, dar numai dacă eşti dispus să munceşti pentru asta şi eşti deschis să primeşti.

Tindem să credem că ne controlăm destinul şi că putem face propriile alegeri, însă ceea ce controlăm sunt gândurile, deciziile şi acţiunile noastre, care sunt în mod constant aliniate cu realitatea percepută creată de propriile noastre gânduri. Prin urmare, nu ne putem schimba niciodată realitatea până când nu ne schimbăm gândurile. Aceste gânduri nu sunt modificate de decizii, ci de percepţii, care sunt seminţele pe care le plantăm în mintea noastră pe măsură ce acumulăm o cantitate mare de perspective şi informaţii.

Capitolul 33 – Găsirea credinței adevărate dincolo de credința organizată

Potențialul de a ne schimba destinul prin schimbarea gândurilor noastre se aplică atât bogăției, cât și fericirii și sănătății mintale. În procesul de schimbare interioară se produce de fapt orice manifestare sau miracol. Știu acest lucru pentru că am fost martor la el în propria mea viață. Am fost fără adăpost, mi-am pierdut toate economiile de mai multe ori, iar Dumnezeu a făcut să intre bani în viața mea, a făcut să apară oportunități și idei în viața mea și a făcut să se întâmple multe alte lucruri incredibile și complet neașteptate pentru a mă ajuta să-mi schimb destinul. Oamenii din viața mea nu au făcut nimic pentru a mă ajuta, chiar și atunci când au avut ocazia, așa că nu pot decât să mă simt prost când mă gândesc la ei. I-am alungat din viața mea pe toți cei pe care i-am cunoscut pentru că îi disprețuiesc pe oamenii care nu pot ajuta și refuză să o facă fără alt motiv decât egoismul, ceea ce include să nu ofere sufrageria sau canapeaua unui prieten care nu are unde să meargă. Chiar dispreţuiesc asta!

Acum locuiesc în apartamente mari, adesea cu mai multe dormitoare disponibile, şi dorm doar în unul dintre ele, fără să invit pe nimeni să îl împartă cu mine. Aceasta este propria mea răzbunare! De fapt, este mai corect să spun că aceasta este răzbunarea lui Dumnezeu prin mine, pentru că fără credinţă nimic nu ar fi posibil. Şi, contrar a ceea ce cred mulţi proşti din creştinism, această credinţă nu are nimic de-a face cu religia, ci cu o relaţie directă între mine şi Dumnezeu. Mai ales în cazul meu, dacă aş depinde de religie pentru ajutor, aş fi foarte nefericit, pentru că niciuna dintre multele religii pe care le-am frecventat nu m-a ajutat vreodată deloc.

Dacă doriţi să vă construiţi o credinţă în jurul unei religii, atunci înfăşuraţi-o în jurul credinţei revelate în cărţile mele, care, după cum puteţi vedea, nu are nimic de-a face cu nicio religie organizată din lume. Nu există nicio altă cale, religie sau profesie, care să vă ajute să obţineţi rezultate maxime, deoarece ceea ce dezvălui eu conţine deja cea mai realistă abordare a miracolelor. Credinţa este singurul lucru de care aveţi nevoie în viaţă, deşi mulţi oameni susţin că nu se pot bucura de viaţă fără un ecran cu plasmă sau o maşină mare şi, odată ce au aceste lucruri, nu vor decât altele la fel sau de dimensiuni mai mari. Această nevoie constantă, ca un parazit care se hrăneşte cu anxietate şi depresie, îi face nefericiţi. Cu toate acestea, cumva se simt confortabil în ciclul lor de viaţă, deoarece nu înţeleg niciun alt mod de a experimenta viaţa.

De exemplu, mulţi europeni economisesc un an întreg pentru a merge în Asia pentru două săptămâni, în timp ce asiaticii economisesc un an întreg pentru a merge în Europa pentru două săptămâni. Între timp, majoritatea oamenilor de la ţară se simt plictisiţi de viaţă şi doresc să călătorească în marile oraşe pentru a se bucura de timpul pe care îl petrec acolo, în timp ce oamenii din aceste oraşe se simt atât de anxioşi şi stresaţi de mişcarea constantă încât doresc să se relaxeze la ţară. Trebuie să fie ceva teribil de greşit în modul în care interpretăm viaţa, pentru că toată lumea pare confuză cu privire la ceea ce îşi doreşte şi de ce are nevoie şi cum să îşi îndeplinească aceste nevoi şi dorinţe. Răspunsul nu va veni fără o introspecţie adecvată cu privire la cine suntem, iar acest lucru ne conduce la o altă concepţie greşită comună: că trebuie să apreciem şi să iubim viaţa înainte de a ne putea aprecia şi iubi pe noi înşine, şi nu invers.

Comportamentele contradictorii îi prind pe mulţi oameni într-un paradox fără sens, iar emoţiile lor le spun acest lucru. Dar a te iubi pe tine însuţi înseamnă să faci şi să fii ceea ce te face să te respecţi, iar aici eşuează mulţi oameni, tocmai pentru că se aşteaptă ca ceilalţi să le ofere acest respect. De exemplu, dacă cineva spune: „Nu sunt suficient de frumoasă", răspunsul este: „Fă-te frumoasă!"; dacă spune: „Nu am suficienţi bani", răspunsul este: „Găseşte haine mai ieftine, de calitate, care te fac să te simţi mai bine!"; dacă cineva spune: „Nu sunt suficient de încrezătoare", răspunsul este: „Ascultă muzică care te face să te simţi bine, relaxează-te într-un parc, ascultă cântecul păsărilor şi încearcă să cunoşti oameni noi!" În sfârşit, dacă cineva spune: „Nu am destui prieteni cu care să ies în oraş", răspunsul este: „Înscrie-te în cluburi, asociaţii, activităţi sportive sau creează-ți propriul grup până când vei avea destui prieteni!"

Majoritatea oamenilor sunt atât de prinși în tiparele lor de gândire și în ceea ce văd alții la ei, încât nu reușesc să vadă aceste oportunități și sfârșesc prin a-și crea mai multe bariere. Cu toate acestea, capacitatea de a dezvolta mai multă stimă de sine este primul și cel mai important pas spre vindecarea minții. De aceea, o plimbare în parc poate face minuni pentru cea mai deprimată persoană și o poate ajuta să își deschidă mintea către noi posibilități. Multe dintre cele mai bune idei pe care le-am avut vreodată au venit din momente de disperare, când pur și simplu m-am oprit și mi-am relaxat mintea. Pe măsură ce deveniți mai încrezători și mai siguri pe voi în aceste activități, puteți dezvolta o mai bună înțelegere interioară, iar din acest centru ne găsim scopul vieții noastre.

Capitolul 34: Înțelegerea nivelurilor de integrare socială

Dacă ar fi să trasăm o scară a ceea ce ar trebui să fie normal, am avea următorul rezultat:

Nivelul 0: a nu fi nimic.

Nivelul 1: nevoia de a exista.

Nivelul 2: nevoia de a fi văzut de societate.

Nivelul 3: nevoia de a contribui la societate.

Nivelul 4: nevoia de a face parte din societate.

Nivelul 5: nevoia de a fi valoros pentru societate.

Nivelul 6: nevoia de a fi văzut ca un element influent al societății.

Ceea ce este greșit în lumea de astăzi este că oamenii vor să ajungă la al șaselea nivel, dar își petrec majoritatea timpului gândindu-se la primul. Ei fac acest lucru pierzând timpul făcând prea multe fotografii cu ei înșiși, petrecând prea mult timp pe rețelele de socializare și încercând să atragă atenția celorlalți asupra aspectului lor. Ca urmare, se îndepărtează din ce în ce mai mult de ceea ce își doresc în viață. Urmează un sentiment fals de îndreptățire, convingerea că cineva are dreptul la un loc de muncă, la un salariu bun și la o familie - ceea ce ar plasa o persoană la nivelurile patru și cinci - cu excepția faptului că acestei persoane îi lipsesc abilitățile sociale pentru a interacționa cu restul societății într-un mod sănătos.

Când aceste persoane realizează în sfârșit că au o problemă, nici măcar nu o pot identifica, pentru că sunt prea concentrate asupra nivelului zero: a nu fi nimic. Ei vor atunci ca terapeutul să le spună cine sunt, și despre asta își petrec următoarele câteva luni vorbind. Deși un terapeut bun va încerca să îl facă pe pacient să își înțeleagă personalitatea, în această stare pacientul caută în principal atenție. Și acesta este motivul pentru care atât terapeutul, cât și pacientul tind să nu ajungă nicăieri. Ar trebui terapeutul să se îngrijoreze de această situație? Nu, pentru că el este plătit pentru atenția pe care o oferă. Ar trebui pacientul să-și facă griji cu privire la situația sa? Nu, pentru că el însuși plătește pentru ea. De fapt, majoritatea oamenilor spun următoarele despre psihologii lor: „Este minunat să ai pe cineva cu care poți vorbi deschis".

Acest lucru explică eșecul terapiei, care ar putea fi corectat dacă fiecare terapeut ar avea un supervizor căruia să îi poată explica eșecurile sale. Dar nu au, deoarece terapia este un proces fundamental arbitrar și subiectiv, după cum au arătat numeroase studii. Adesea, concluziile terapeuților se bazează mai degrabă pe opinii personale decât pe fapte. Cu toate acestea, dacă atât terapeutul, cât și pacientul sunt mulțumiți de rezultat, și în ciuda lipsei de rezultate, putem spune cu adevărat că există ceva în neregulă cu terapia?

Este normal și de așteptat să avem o reacție de furie atunci când realizăm că am fost înșelați timp de mulți ani și este mai bine să fim furioși decât deprimați fără răspunsuri. Furia însoțește întotdeauna o stare de depresie, dar este naturală deoarece reprezintă conștientizarea nevoii de autovalidare în detrimentul validării sociale. De fapt, această autovalidare contrazice adesea valorile necesare pentru validarea socială, motiv pentru care generează un conflict intern: o furie îndreptată împotriva lumii care reflectă furia împotriva propriei persoane. Aceasta este o manifestare a unei lipse de iubire de sine, care se manifestă prin frustrare.

Problema persistă atunci când această nevoie este căutată în exterior, cum ar fi atunci când oamenii se străduiesc să fie acceptați de alții, deoarece acest lucru este puțin probabil. Oamenii nu-și vor cere iertare, nu se vor schimba sau nu-și vor cere scuze pentru ceea ce ți-au făcut și este mai probabil să dispară atunci când sunt confruntați cu acțiunile și cuvintele lor din trecut. Dacă trebuie să găsim un mijloc extern de echilibrare a interiorului, atunci activitățile care acoperă cel mai bine acest gol sunt cele care permit o formă de contact direct cu alchimia noastră interioară, cum ar fi exercițiile fizice, o relație mai profundă cu natura, meditația și mai ales o combinație a tuturor celor trei: urcarea pe un munte dimineața devreme și meditația în vârf. O simplă plimbare cu bicicleta poate ajuta, de asemenea, la ameliorarea depresiei. În esență, dorim să ne menținem activi cu elementele potrivite, deoarece combinația dintre acțiune și chimie este cea care ne îmbunătățește sănătatea mentală generală.

Când spun „elementele potrivite", mă refer nu doar la cele externe, ci și la cele interne, cum ar fi o dietă mai sănătoasă cu fructe proaspete, legume și nuci. Aceste alimente sunt bogate în energie pozitivă. Chiar dacă doriți să vă ocupați direct de gândurile dumneavoastră, știm deja că acestea sunt mai bine organizate atunci când sunt direcționate către un scop, motiv pentru care obțineți mai multă claritate dintr-o activitate decât stând în pat deprimat și gândindu-vă la viață. Indiferent cât de complexă poate părea viața dumneavoastră, vă veți vindeca mai repede dacă vă obișnuiți să aveți mai multă acțiune în viață, acțiune care este aliniată cu spațiul, natura și timpul. Acest lucru înseamnă că, cu cât faceți mai multe acțiuni în medii naturale, cu atât vă veți vindeca mai repede și cu cât mintea dumneavoastră va deveni mai clară. Veți putea astfel să vedeți soluții pe care nu le-ați putut vedea înainte.

Capitolul 35: Vindecarea prin conectare și externalizare

O întrebare care apare adesea este cum să faci o persoană cu probleme psihice să vrea să se miște și să facă lucruri. Nu ar fi aceasta o contradicție în termeni? Fiecare persoană are nevoie de o soluție unică, dar nu te vindeci cu adevărat oglindindu-te pe tine și starea ta. Această vindecare are loc atunci când persoana înțelege legătura dintre ea și lumea exterioară. Este un proces de asimilare a realității prin exteriorizarea minții sau a atenției personale.

Una dintre problemele comune ale persoanelor depresive este că acestea se adaptează foarte ușor la cicluri, obiceiuri și rutine negative și chiar devin obsedate de aceste cicluri ca modalitate de a scăpa de introspecție. De exemplu, o persoană care este deprimată din cauza faptului că este șomeră va deveni obsedată de obținerea unui loc de muncă și nu va avea claritatea mentală necesară pentru a încerca să își îmbunătățească CV-ul. De asemenea, va încerca să obțină un loc de muncă din teamă, mai degrabă decât din interes sincer pentru interviu şi pentru ceea ce ar trebui să facă. Prin aceste comportamente, persoana sfârşeşte prin a se îndepărta şi mai mult de oportunităţile pe care le caută.

Cu cât persoanele sunt mai dependente de validarea externă, cu atât se vor confrunta cu mai multe provocări psihologice şi emoţionale. Solidaritatea şi prieteniile de susţinere ar evita această situaţie, dar majoritatea oamenilor nu îşi ajută prietenii atunci când au nevoie, iar aceasta este adevărata problemă. Societatea se concentrează mai mult pe nevoile egoiste şi pe autogratificare decât pe compasiune.

Problemele de sănătate mintală sunt la fel de mult rezultatul unei lumi disfuncţionale şi nesănătoase pe cât sunt o problemă care trebuie rezolvată de aceasta. Atunci când lumea îl dezamăgeşte pe individ, acesta are puţine sau nicio alternativă pentru a scăpa de ciclurile negative. Cu cât se uită mai mult în afara lor, cu atât este mai probabil să întâlnească frustrări, provocări, bariere şi alte obstacole în calea propriei dezvoltări personale.

Atunci când ceea ce este perceput ca fiind normal devine parte a unei culturi şi este chiar lăudat de oamenii care îl protejează, individul este condamnat la un întuneric al ignoranţei din care poate scăpa doar prin căutarea de noi cunoştinţe, noi percepţii şi noi modalităţi de a experimenta realitatea dintr-o nouă perspectivă. Acest lucru este valabil atât pentru sănătatea mintală, cât şi pentru atingerea unui stil de viaţă mai prosper şi mai bogat. Aveţi mai multe şanse să vă atingeţi obiectivele dacă vă separaţi de convingerile altora şi vă formaţi propriile convingeri, inclusiv cele în care aţi fost educat să aveţi încredere despre dumneavoastră.

Acest lucru poate părea anormal pentru toți cei pe care îi cunoașteți, deoarece dacă ceea ce este normal este anormal, atunci ceea ce este cu adevărat normal va fi văzut ca anormal de cei care sunt, de asemenea, anormali. Această stare pe care ceilalți o percep ca fiind anormală vă va menține sănătoși și, în timp, vă va ajuta să vă aliniați viitorul cu adevăratul vostru sine. Acesta este modul în care veți găsi o viață care merită trăită, o viață care vă inspiră cu adevărat să vă treziți dimineața, să vă bucurați de sunetul păsărilor și să deveniți o versiune mai bună a voastră.

Glosar de termeni

Comportament antisocial ascuns: acţiuni înşelătoare şi manipulatoare adoptate de indivizi cu o mentalitate anormală, cum ar fi minciuna, înşelăciunea şi exploatarea celorlalţi pentru a supravieţui şi a obţine un avantaj.

Dublă viziune asupra lumii: o perspectivă simplistă şi binară care împarte lumea în „noi versus ei", „prădător versus pradă" sau „agresor versus victimă", ignorând complexitatea şi interconectarea relaţiilor umane şi a societăţii.

Spălarea emoţională a creierului: procesul de manipulare a emoţiilor cuiva, de obicei folosind frica, ruşinea şi nesiguranţa pentru a controla gândurile şi comportamentul.

Traiectorie evolutivă: ideea că fiinţele umane se află pe o cale continuă de dezvoltare personală şi socială, unii indivizi şi culturi fiind mai „evoluaţi" decât alţii în ceea ce priveşte conştiinţa de sine, empatia şi capacitatea de a coopera.

Gaslighting: o formă de manipulare psihologică în care agresorul determină victima să îşi pună la îndoială propria realitate, memoria sau percepţiile, negând sau contrazicându-i experienţele.

Iluzii: credinţe sau percepţii false pe care indivizii le au despre ei înşişi, despre ceilalţi şi despre lumea din jurul lor, care îi pot conduce la un comportament iraţional şi autodistructiv.

Introversie: o stare psihologică în care individul şi-a interiorizat propria viziune asupra lumii şi se străduieşte să o schimbe atunci când interacţionează cu realitatea, ceea ce duce de obicei la narcisism şi lipsă de empatie.

Narcisism: preocupare excesivă pentru propria importanţă, însoţită de obicei de un sentiment fragil al valorii de sine şi de nevoia constantă de a-şi valida şi proteja ego-ul.

Schimbare organică: ideea că dezvoltarea şi transformarea personală nu sunt simple exerciţii intelectuale, ci implică un proces holistic şi interconectat care afectează toate aspectele vieţii unui individ, inclusiv bunăstarea fizică, emoţională şi socială.

Mentalitate de prădător: o mentalitate care se concentrează pe dominarea şi exploatarea celorlalţi, adesea în detrimentul bunăstării lor, pentru a asigura propria supravieţuire şi propriul succes.

Psihopatie: o tulburare de personalitate caracterizată printr-o lipsă de empatie, o lipsă de respect pentru drepturile şi sentimentele celorlalţi şi o tendinţă de a se angaja într-un comportament manipulator şi antisocial.

Reciprocitate: schimb reciproc de gânduri, sentimente şi acţiuni între indivizi, esenţial pentru dezvoltarea unor relaţii şi conexiuni sociale sănătoase.

Creier reptilian: un termen metaforic utilizat pentru a descrie cele mai primitive și instinctive aspecte ale minții umane, care pot conduce la un comportament agresiv, egoist și orientat spre supraviețuire.

Autoreflecție: capacitatea de a examina critic propriile gânduri, convingeri și comportamente, recunoscând modul în care acestea pot fi influențate de prejudecățile inconștiente, de condiționarea socială și de experiențele trecute.

Masca socială: persoana pe care o adoptă un individ pentru a se conforma normelor și așteptărilor societății, adesea în detrimentul sinelui său adevărat și al exprimării sale autentice.

Mecanisme de supraviețuire: strategii psihologice și comportamentale pe care indivizii le folosesc pentru a-și asigura propria siguranță și bunăstare, adesea în detrimentul altora.

Cerere de recenzie de carte

Dragă cititorule,

Îți mulțumim că ai cumpărat această carte! Mi-ar plăcea să primesc vești de la dumneavoastră. Scrierea unei recenzii de carte ne ajută să ne înțelegem cititorii și, de asemenea, influențează deciziile de cumpărare ale altor cititori. Opinia dumneavoastră este importantă. Vă rugăm să scrieți o recenzie de carte! Bunăvoința dumneavoastră este foarte apreciată!

Despre autor

an Desmarques este un autor de renume, cu un palmares remarcabil în lumea literară. Cu un portofoliu impresionant de 28 de bestselleruri pe Amazon, inclusiv opt bestselleruri numărul 1, Dan este o figură respectată în industrie. Bazându-se pe trecutul său de profesor universitar de scriere academică și creativă, precum și pe experiența sa de consultant de afaceri experimentat, Dan aduce o combinație unică de expertiză în munca sa. Perspectivele sale profunde și conținutul său transformator se adresează unui public larg, acoperind subiecte atât de diverse precum creșterea personală, succesul, spiritualitatea și sensul profund al vieții. Prin intermediul scrierilor sale, Dan îi împuternicește pe cititori să se elibereze de limitări, să-și elibereze potențialul interior și să pornească într-o călătorie de autodescoperire și transformare. Pe o piață competitivă de auto-ajutorare, talentul excepțional și poveștile inspirate ale lui Dan fac din el un autor de excepție, motivându-i pe cititori să se implice în cărțile sale și să pornească pe calea creșterii și iluminării personale.

Scris tot de autor

Despre editor

Această carte a fost publicată de Editura 22 Lions Publishing.

www.22Lions.com